U0502293

KO!

再见，语言暴力！

〔日〕大岛信赖 / 著

岳冲 / 译

中国出版集团 现代出版社

目　录

写在前面的话

别人凭空一句话，成了自己心里的疙瘩

想必大家经常有这样的体验——别人随口说出的一句话，在自己脑子里不停反刍，久久不能忘记。

比如在某次会议上，平时出了名的毒舌上司突然问："你为什么要那么干？"可能他并不清楚下属采取某种做法的真正原因，此时发问仅仅是想了解一下。

然而在不同的时间、不同的场合，同样的一句话会被理解成完全不同的意思。

许多人可能会觉得被批评了，听起来上司似乎在说"居然那么干，真是蠢""为什么要那么做？简直不可理喻"之类。

如果能当场完美应答倒还好，可惜要做到这一点并不容易。**听到这个问题的人往往想着"他的意思是我的说明很烂吗""难道是我做出来的方案太烂了"，大脑当时就变得一片空白。**

会议结束回到家，上司的话还是一直忘不掉。不仅如此，"当时要是这么说就好了""他怎么能那么说话"等后悔、气愤的情绪也不断涌上心头，让人更加五味杂陈。

即使气冲冲地下定决心"下次一定要把场子找回来"，结果下次还是老样子——上司说了句别的话，自己又思前想后，无法巧妙地回击，头脑里还是一片空白。最后弄得自己心里一直疙疙瘩瘩的，情绪始终无法放松，觉得仿佛只有自己什么都干不好。

陷入这种"头脑空白死循环"的人并不在少数。

但是，这绝不是因为你的能力太差，也不是

因为你的神经太脆弱。

举例来讲，如果你属于本书中将介绍的体质，或者经常"左思右想想太多"……这些因素叠加起来，被别人指责的时候就会头脑一片空白，不知道该如何应对，以至于工作、个人生活都磕磕绊绊，最后连自我肯定感都下降了。

来找我做心理咨询的人中，这类人就有很多，而我自己曾经也是其中一员。

但是，只要能认清自我，理解"大脑变成一片空白时，里面究竟发生了什么"，疙疙瘩瘩的心结就能解开，心绪也能变得宁静。

即使鼓起勇气反击也……

在本书中，我总结了解决"头脑一片空白，以至于说不出话来"的问题的各种方法。

当我的大脑不再遇事就变得一片空白，从恐慌状态中解脱出来后，连自己都吓了一跳："咦？

我的大脑现在冷静得很！"

以前，我的大脑一直都被过往"让我备受打击的话""自己曾经说错的话"反复纠缠。

明明是别人很久以前说过的话，感觉却像被指斥就发生在眼前一样，大脑也无数次地因此变成空白一片。

如今这种情况已经得到控制，我的头脑终于重获清净。

以前我能够轻易地想起别人说过的讨厌的话，现在已经不再会这样了。

比如我们尝试一下第五章中的"抹去自己"。听这说法，似乎是要让我们对别人言听计从。实际上正相反，这是不被别人左右的方法之一。

曾经我总是将别人的话全盘接收，以至于自己大脑宕机，当场一句话都说不出来，只能事后不停地懊悔、纠结。

即使鼓起勇气反击，说出来的也全是让自己后悔的话。

我深信对别人的言语不做反应非常失礼，是必须鞠躬谢罪的行为，因此在大脑一片空白的状态下也要强撑着回话，才会出现这种情形。

简言之，对所有的事物都做出反应，结果反而使得自己的大脑一片空白，无法做出反应。

然而只要不断重复"抹去自己"的方法，慢慢地，这种情形就不会再出现。

等到大脑不再宕机，就能够"对别人的言语不做反应"。

我曾经哀叹："自己还真是死性不改啊……"

心里很明白"你有来言，我有去语"的道理，可一旦真正面对别人，说出的又全是唐突的话，进而一次次被对方告诫。

然后自然又是一次次地大脑变成空白。

不过反复使用"抹去自己"及其他方法，多次体验到"大脑不再变空白"后，**不知不觉间我居然做到了对别人不讲道理的话"没有反应"——这个转变着实让人兴奋。**

那感觉简直就像体验到了肌肉锻炼的成果。

做"本来的自己"，不受任何人左右

曾经我对别人的话无比较真，头脑被它们纠缠以致空白一片，整天提心吊胆，成长完全陷入停滞。

经过反复训练，能够"不做反应"的我会变成符合当前年龄的"本来的自己"。

因为大脑变成空白，心灵陷入恐慌，我停止了成长。

而通过尝试让大脑保持冷静的方法，实际生活中陷入恐慌的情形变少后，我的状态能够不断接近自己的实际年龄，保持本来的样子，挺起胸膛过自己的生活。

别人随口一句话就让你介怀很久？没关系，以解决这个问题为起点，你可以发现自己身上隐藏的许多才能。

在这个过程中，你还能慢慢看清那个自己都

不认识的真正的自我。

　　有一个世界，在那里人们可以不受任何人左右，保持自己真正的样子安静地生活。笔者真心希望读者在阅读完本书后，能够拿到通往那里的入场券。

　　　　　　　　　　　　　　　大岛信赖

让人头痛不已的

『一句话』

第 **1** 章

职场上让人讨厌的一句话

① 你的说明又长又难懂

　　在职场上，正准备向上司好好汇报一下工作，忽然被这么一说，许多人的脑子当时就会一片空白。

　　顿时觉得自己像个傻子似的，准备的资料也没法好好说明，**事后才觉得"我怎么这么没用呢……"**

　　随后愤怒的情绪涌上心头——上司老是忘事，所以我才打算把整个工作过程都认真说明一遍，他凭什么说这种话？！

　　进而又开始后悔，心里有苦说不出——他说话这么过分，我怎么就只会自己憋屈，不会嘲讽一句

"对您来说，要理解别人的说明的确太难了"呢？

　　尽管有了这样的心路历程，下次再和上司说话时又会怎样呢？

　　最终就算隔了很久，换个地点，还是说不出有一丁点冒犯上司的话。

　　连工作汇报都变得压力巨大，心里想着"只说要点"，嘴里说出的说明却依旧冗长，再次"成功"获得了上司的冷眼相待。

② 在那种工作上浪费时间有意义吗

　　和周围的同事相比，我在工作中可能没有那么机灵，却对文件的缺陷十分敏感。

　　因为怕给别人添麻烦，我会认真地反复检查文件，确认清除了所有不完备之处后才提交。

　　尽管如此，一旦被上司说："在那种工作上花费这么久有意义吗？"，立刻就会想"啊……他怎么能这么说……"头脑也变得一片空白。

　　那一瞬间，只是头脑变得空白。然而过后会产生强烈的被否定感，上司简直是在直言"你的工作其实没什么意义"。

　　一直以来，自己为了不给大家添麻烦而不断努力，此刻显得像傻子一般，只想辞掉工作获得解脱。

　　然而再回到工作岗位上，依旧对文件的缺陷耿耿于怀，无法视而不见……在检查上花费大量时间，而同时上司的眼光也如芒在背，火烧似的灼人。

③ 反正你也没怎么认真工作

　　有时我们甚至能听到十分过分的话。

　　需要远程办公时，因为环境和在办公室时不同，因此工作花费的时间超出了预期。

　　向上司提交资料迟了一些，居然被说："反正你应该也没怎么认真工作，抓紧时间提交好吗？"听到这话，自己的大脑立刻变得一片空白。

　　被嘲讽后头脑变得空白，懊悔的心情瞬间袭

来——完蛋了！我应该做得更认真一些的。

然而过后回过神来，对上司的愤怒涌上心头：**"什么？资料提交得迟是因为我远比平常在办公室时要努力，一直工作到了深夜，凭什么要这么被言语侮辱?！"**

最后想到"明明已经这么努力地工作了，上司却以为我在家偷懒"，情绪顿时萎靡了下去。

④ 工作时能不能考虑得周全一些

正做着工作，同事又指出了以前曾提醒过的问题，还加了一句"你工作时能不能考虑得周全一些"？于是自己的大脑又变成了一片空白。

紧接着，成吨的压力袭来："难得同事肯教我，我居然重复犯错，这是因为我浪费了他的一片苦心，惹得他生气了？"

然而过后又生起闷气："同事也经常犯同样的错误，我可是什么都没说，默默地帮他善后，他凭什么这么说我？"

想到"你这家伙工作不也没那么认真，没事儿就和周围的人闲聊天"，对同事的厌恶之情又占据了上风。

最后心情变得阴郁，担心："啊……**要是周围人都传言我的工作能力不行可就糟了。**"

为什么当时就不能反唇相讥："你自己做工作时就考虑得很周全吗？"这时候又深深觉得那个笨嘴拙舌的自己真是无能。

5 都是你，拖了大家的后腿

职场上理应人人平等，但只要工作中稍微犯错，立刻就有精神资本家过来指责"都是因为你，拖了大家的后腿"。被人这么一说，自己立刻大脑一片空白，赶忙鞠躬道歉。

被指责时自己只有"哎，都是因为我不熟悉工作，给大家添了麻烦"这一个念头，然而回过神来又会愤懑不已："啊？我几时、给谁添过麻烦了？！"

　　大家都是随便敷衍工作，有客户投诉时就互相包庇，**"为什么单单到了我，就必须承受这样的言语攻击？"**一旦有了这种想法，对待工作难免会变得懈怠。

　　而且明明还在生气，自己却没来由地害怕周围人的眼光，以至于工作再次犯错……慢慢地，最终变得无法胜任工作了。

6　你还是合群一点比较好

　　在公司，因为不擅长应付大家一起吃午饭的场合，就打算一个人出去吃。

　　正打算往外走，忽然同事丢过来一句"你还是合群一点比较好"，大脑顿时嗡的一声，变成了一片空白。

　　"是只有我一个人不会察言观色吗？"

"我被大家讨厌了吗？"

赶忙回顾自己的一言一行，觉得好像这里做得不对，那里也做得不好，陷入了自我怀疑之中。

可是仔细思考后，终于发现："不过是没和大家一起吃饭而已，他凭什么这样说我？"自己虽然暗暗生气，但回到办公室后那句话依旧如鲠在喉，搞得整个人都无精打采，什么话都说不出来。

爱人的一句话，明明窝火却难以还言

① 你怎么不动动脑子再花钱

看到冰箱里已经过期的食材，爱人脱口说出这句话，自己的大脑顿时就变成了一片空白。

回过神后就开始生闷气："你不也买了一堆没用的电脑配件！""我还不都是为了你的健康着想，怎么就不能理解一下？"

可惜最终还是会厌弃自己，想着**"我果然花了很多冤枉钱"**，觉得对不起辛苦赚钱的另一半。

② 你做事为什么不能考虑一下别人的感受

　　出门之前做准备的时间稍微有点长，爱人就说出这种话，当时大脑就一片空白，委屈得眼泪都要流出来了。

　　这时候几近崩溃，想着："鬼才想和你一起出去！"片刻后便想道：**"你做事什么时候考虑过我的感受？"** 又后悔着当时怎么没用这句话反击。

　　然而只要来到爱人面前，再怎么挣扎，头脑也还是会变成空白，说不出一句反击的话。

③ 你总是找借口，一点也不会改变

　　做饭晚了一些，正想解释一下，爱人抢先丢下了这么一句话，自己的大脑又变成了一片空白。

　　虽然当时无言以对，但过后无比的愤怒涌上心头："我也有我的事情，怎么能说是我找借口呢？"

虽然想疾言厉色地直斥对方**"凭什么所有事情都要按照你的节奏来！为什么我必须永远看你的脸色！"但**实际上还是含着眼泪给对方准备饭菜。

④　你说话的方式让我很不舒服

爱人邋里邋遢，本来想委婉地提醒一下，结果被对方一句话呛了回来，自己顿时大脑里一片空白，不由得就想摔东西。

事后才想起该用**"要纠正的不是我说话的方式，而是你那邋遢的样子！"**来反击，但当时大脑就是空白一片，什么话都想不起来。

而且还让对方给自己贴上性情恶劣的标签，把话题转换到心情不快上面，将自己打成了大反派。

⑤　你做事不会变通一下吗

爱人要晚些回来，都不提前打个招呼。自己

把饭菜都准备好了，结果他很晚到家却只丢下这么一句话，自己的脑子里立时一片空白。

当时只顾着莫名惊诧，片刻后愤怒的情绪才涌上心头："什么呀？做事不会变通的是你吧！"

"我又不是你肚子里的蛔虫，家里准备了饭菜，如果你不回来就该提前说一声，这不是常识吗？"一离开爱人的眼前，类似这种反击的话就变得要多少有多少。

尽管后悔当时怎么没能用这些话反击，但下次又是同样的情形重复上演。

越是亲近的朋友，一句话伤我越深

① 你不经意地就会伤害到别人，注意一下比较好

朋友丢下这么一句话，满脸写着"我都是为你好才这么说的"，自己的头脑顿时变得一片空白。

当时备受打击，觉得"我被大家讨厌了"。

过后才发现："不对不对，你这句话才真正伤人呢！"便不想跟这朋友再多说什么。

而对于这句话，虽然想吐槽："你把我伤得这么重，为什么就感觉不到呢？"结果一张口又变成了"对不起"，不由自主地向对方道歉。

② 大家都在背地里对你品头论足呢

朋友摆出"咱俩关系好，我才告诉你"的架势，说出这么一句话时，自己的头脑中立刻嗡的一声，如同遭受雷击一样。

当时自己大脑里一片空白，把朋友的话当成了好意，以为他是好心提醒自己注意别人背后嚼舌根。过一会儿才意识到："对我品头论足的人里面也有你吧？"为好友背叛自己而震惊。

甚至变得讨厌起自己来——明明心里不满，为什么见到这个朋友的时候还是会考虑他的感受？

③ 你还真是不考虑别人的感受

正和朋友聊着天，可能说了什么冒犯他的话，忽然被他说了这么一句，大脑里立刻变得一片空白。

当时只想着"哇，我让朋友不开心了"，赶忙回顾自己的言语，自我批评起来。

"他是讨厌这句话，还是那句话？"这么挑自己的刺儿许久，才找到正确答案——**什么？我也没说什么太离谱的话吧！**

明白过来"你这家伙才不考虑别人的感受，总是伤害我"后，才开始后悔"又被他恶人先告状了"！

④　再这样，很快你就要没朋友了

找朋友聊一聊其他朋友对自己做过的过分的事，却被说了这么一句，于是头脑中顿时咣当一声，变得一片空白。

这时还不忘自我反省："啊！是的！只有我一个人不停地抱怨，是我有问题！"

然而过后想道：**"我相信你才和你聊其他朋友的事情，你怎么能说这种话？"**对自己曾经相信的朋友的怒意涌上心头。

　　而且，因为害怕自己说过的坏话被传播出去，甚至会连觉也睡不着。

父母的一句话，最不想从他们那里听到

① 你为什么就不能考虑下父母的感受呢

被父母这么一说，大脑顿时变得一片空白，觉得"啊，我的确是没考虑父母的心情，落到这么凄凉的地步，都是不孝顺父母带来的报应"。

但是，过一会儿又气不打一处来："不对，等一下！你们又何尝考虑过我的感受？"

明明是自私自利的父母，一直把孩子随意拿捏——想到这里，又可怜起那个一直委曲求全、从小被父母摆弄的自己，心情变得十分抑郁。

可回过神来才发现："啊！我又在委屈自己考虑他们了。"又变回了原来的状态，继续被父母操控。

② 你从小就只考虑自己

拒绝了父母的某个要求，就被他们说了这么一句，顿时头脑变得完全空白。

心里觉得实在对不起他们，可能自己真的一直都只考虑自己了。

然而过一段时间忽然发现了其中的矛盾之处："不对啊，如果真的只考虑自己，又怎么会把父母的话放在心上？"

父母的言语总是缠绕在心里，它们像诅咒一样逼着自己承认"我是一个自私自利的人"。夜里辗转反侧不能入睡，终于明白自己之所以爱看他人脸色，总是吃亏，罪魁祸首就在于此。

可惜纵然什么都明白，还是无法摆脱头脑变

成空白，纠结于别人的只言片语，介意别人眼光的状况。

③ 你怎么打扮得这么难看

和父母许久没见，刚见面就收获了这么一句评价，头脑立刻一片空白，当时只能呵呵地干笑两声来遮掩。

脸上虽然在笑，心情却因这句话跌到了谷底，觉得自己衣品果然太差，无论在公司还是在家里，都被身边的人看不起，被人当成傻子看待。

但是过后又开始焦躁，"不对啊"，想起父母的衣服，简直想打个电话发泄愤怒："你们穿着落伍的衣服，简直丑到极致，凭什么批评别人的打扮啊？"

只是想到**"他们也是为我好才这么说的"，又不知该把怒火朝哪里发泄**。

到了第二天早上，又失落起来，感觉"我穿衣和化妆的品位真是不行"，一天的好心情荡然无存。

④ 你还是要注意饮食，多考虑一下自己的身材吧

假期即将结束，总觉得自己似乎胖了一点。问起同住的父母，听到他们这一句回答，当时就大脑一片空白。

明明想听到否定的答案，得到的答案居然是"看起来果然胖了"！这打击实在是太大了。

而针对父母的抱怨也油然而生："你们就不能稍微安慰我一下吗?！"

当时一怄气，扭头走了，过后觉得这态度是不是太过分了。然而转念一想："不对啊。我不想吃的时候是他们每天硬逼着我吃，现在说注意饮食算怎么回事？"又生起气来。

"让我注意饮食，你们自己倒是不住嘴地吃，那身材都让人看不下去！"再想到父母总是对别人的事情指手画脚，却从不反观自己的样子，更是气不打一处来。只是真正到了该开口的时候，居然还是大脑一片空白，什么都说不出来。

无法反唇相讥，
不是因为软弱

第 **2** 章

为什么会因为"没能反击"而后悔

不会反唇相讥不是"性格的问题"

遭到言语攻击时，有些人会头脑变得一片空白，无法正常运转。

等到事情过后，才后悔当时为什么一句话都说不出来，"当时那样说就好了""这么说就好了"等各种想法纷至沓来。

然而到了见真章的时候，果然还是张口结舌，含着眼泪默默无语。

于是，给自己贴上了"胆子小""软骨头"的标签。

　　然而曾经有一次，我和医生一起做心理学上的应激反应实验。

　　在此期间，我发现这种现象并不是因为"胆子小"或"软骨头"。

　　因为实验结果表明，遭到言语攻击时大脑一片空白的人在受到"巨大声音的压力刺激"时，"抑制血糖值的荷尔蒙大量分泌，血糖值下降了"！

　　而能够对自己讨厌的言语当场做出反击的人在受到"巨大声音的压力刺激"时，血糖值是上升的。

　　受到言语攻击的压力刺激时，血糖值上升，大脑立即全速运转，能够快速反应过来，当场进行回击。

　　然而"大脑变得一片空白的人"遭到言语攻击时血糖值下降，因此"大脑停止运转"，陷入低血糖状态，就会出现手抖、流泪、全身乏力等看似软弱可欺的状态。

　　而另一个让人感兴趣的现象是，"头脑变空白"的人"事后血糖值会上升，并且很久都降不下来"。

　　一般来讲，人们听到不受用的话时，都会当场表达"我生气了"的情绪予以反击，宣泄完之后便不会出现血糖值上升的现象。

　　只是"大脑变空白"型的人事后往往血糖值上升并久久不降，或是反复地忽升忽降。

　　这就可以解释为什么他们事后才会各种情绪涌上心头，比如，后悔"当时那么说的话就好了"，并对触犯自己的人心生愤怒。

　　因为当时血糖值下降，所以才一句话都说不出来，而事后血糖值上升，极大的愤怒就涌上了心头。

　　然而下次出现状况，他们仍旧会血糖值下降，说不出话来。

　　我终于明白了——原来"头脑变得一片空白是体质问题"！

压力会导致"异常发作"

　　进一步地，我发现这种压力导致大脑低血糖

后，还会引发另一个严重现象。

那就是"大脑变得一片空白，不考虑前因后果就勃然大怒"的现象。

我也曾是"大脑变得空白，想说什么又说不出"型的孩子。在学校上课期间犯了错，如果被大家放肆地嘲笑，我就会大脑变得空白，丢下一句"讨厌死了"后跑出学校。

大家可能觉得"大脑变空白"就是"愣在当场动弹不得"，**其实有可能会因为一时冲动而说出不该说的话，或者像我那样因为一时冲动而做出不该做的事，如跑出学校等。**

大脑通过电信号进行思考及向身体发送指令。

受到言语攻击时，由于血糖值急剧下降，大脑里的电信号出现异常，导致出现"破坏型人格"。这就是我们平常说的"一时冲动"。

我们把受压力影响后血糖值降低，大脑的电信号异常导致出现破坏型人格的现象叫作"异常发作"。

有些人会因低血糖导致异常发作，有些人则不会。我们怀疑会因为饥饿而烦躁不已的人更可能"大脑变得一片空白"或"异常发作，出现破坏型人格"。

只需改变饮食，就能改变你自己

最近，我们请一些"大脑会变得一片空白"的人参与纯肉食生酮减肥（Ketogenic Carvivore Diet）这一食物疗法。

他们身上出现了令人震惊的变化，头脑不再变得空白，心里想说的话也能当场说出来了。

靠只吃肉来减少糖分摄入，血糖值就不会再因为外部压力而下降。

即使遭到言语攻击，他们也不再头脑变得空白。通过这一变化，我明白"导致大脑出现空白的真正原因就是血糖值的变化"。

而参与这一疗法的人们也惊异地发现了自己

的变化："咦？我居然不再出现破坏型人格了！"

　　一直以来，经常因为一时冲动而破坏人际关系或辞掉工作，现在这种情形不再出现，自己也终于能够冷静地开展工作，慢慢地开始出人头地。

　　通过预防低血糖的食物疗法，许多人都出现了类似的变化，因此很显然，"就是因为低血糖才导致了破坏型人格的出现"。

明白了自己的体质就没问题

婴儿时期渴望喝奶的压力

我们会询问"大脑变空白"型的朋友，他们的亲人中是否有人存在血糖值不稳定的问题。因为遗传因素可能会使人形成"易因压力导致血糖值下降"的体质。

而另一个要素是"婴儿时期母亲喂奶的时机"。

婴儿因为肚子饿而哇哇大哭时，母亲赶忙抱起他来，喂一次奶让他安心。

这一情形反复出现：婴儿肚子饿时便大哭将自己的压力告知母亲，然后喝到奶治愈压力，渐渐形成了固定模式。

如果母亲错过喂奶的时机，孩子长大后就可能变成"因压力导致大脑一片空白"的人。

而如果妈妈也曾有"经常错过喂奶时机"的经历，听到宝宝哭泣时她就会陷入大脑空白的状态，自然也就错过了喂奶的时机，有可能养育出遇到压力时大脑会变空白的孩子。

因此，**不能说"我之所以遇到压力大脑会变空白，完全都是母亲的错"。**

这种现象代代传承，孩子哭泣时母亲的大脑就会一片空白，变成破坏型人格，不自觉地折腾孩子，错过喂奶的时机，始终找不到解决办法。

因此，这个问题并不是简单地指责母亲就万事大吉了。

与母亲关系不睦，"只要和妈妈待在一起就烦躁"，"情绪就越来越低落"，那就可以考虑"可能和婴儿时期母亲错过了喂奶的时机有关"。

想改善体质，需要先认清自己

认识到自己"遇到压力时头脑变空白"是因为儿时母亲经常错过喂奶时机，就能改变体质。

没错，如有疑问，答案是肯定的。

我以前也是这样，因为不知道在与人交往过程中"头脑变空白"的原因，总是责备自己"真是窝囊废""胆小鬼"之类的。

责备自己和虐待自己其实是一样的，人感受到压力，当然会大量分泌应激激素。

应激情况下，人分泌的肾上腺素、糖皮质激素等应激激素会升高，也会引起血糖值升高。

因此，责备自己、不停分泌应激激素的人其实和泡在了糖水里没什么分别。

责备自己，把自己"泡进糖水"后，更容易出现上文提到的"血糖值不稳定问题"。

而当明白"都是婴儿时期母亲喂奶时间的问

题，不是我的错"后，就可以不再去责备自己。

可以与自己和解："'头脑变空白'的原因仅仅是母亲没把握好对婴儿时期的我的喂奶时机。"

这样一来，头脑就可以正常运转，慢慢地，自己在遭到言语攻击时也能当场反击了。

此外，原本常有"当时一句话都说不出，事后却将各种不愉快的事情一件件都想了起来"的情形，在明白"啊！因为儿时的喂奶时间问题，现在血糖值又上升了"，了解自己就是这种体质后，也会得到改善。

不再责怪自己"我怎么总是想起讨厌的事情"，有了"事后血糖值上升才会想起讨厌的事情"的自我认知，就能够停止责怪自己。

这样一来，血糖值自然就能稳定，焦躁不安的情绪也就不会再持续下去。

了解身体的反应机制，就不会再责怪自己

不知道这一反应机制的时候，一旦责备自己

"为什么不停地想起讨厌的事"，因为心理压力，血糖值上升，满脑子就都是不愉快的事，根本停不下来。

了解自己的体质后，就无须再责备自己，相应地，血糖值也能稳定下来。

即使当时一句话也说不出，即使事后出现负面情绪，只要了解了自己的体质，就不会再苛责自己！

因此，应激激素不再剧烈波动，血糖值变得稳定，自然就能够慢慢地应对那些突发的情况。

久而久之，居然再没有人说让自己讨厌的话了。

下意识是"最强的战友"，你会用吗

自己总是招来"危险人物"的原因

头脑空白的人总是"在关键时刻无法成功反击"，因此浑身都是破绽，多的是让人攻击之处。

于是，被人欺负、被人否定，甚至被人当傻子看待的情形不断增多，自己的心情也变得越来越惨淡。

头脑反应快的人则"没什么可以攻击的地方"，往往能获得别人的认可，容易被人高看一眼，进而获得受人尊敬的地位。

原本，每个人都自带着一个最强的战友——下意识。

此时的下意识更像"动物性的直觉"。

人们通常可以通过气息、声音、氛围等提前感知到"去那边危险！""靠近那个人危险！"等信息。

而头脑空白的人下意识地隐约察觉到"去那边可能有危险"，却总是不自觉地往危险的那一边去。

这是因为他的注意力全都集中在"风险"上，头脑全被它们占满，再无法正常运转。

等到遇事大脑不再变得空白时，无须一一思考就能依据下意识察觉到的信息采取行动，不知不觉间就不再靠近危险的人，不再和他们扯上关系，最后发现自己竟然接触不到危险人物了。

正因如此，即便被危险人物攻击，大脑正常运转的人也能顺利调用通过下意识获取的信息，充分做好"小狗再怎么叫嚣也伤害不到我"的心理准备。

下意识能够自动地判定对手与自己的能力差距。

因此，自动判断出"对方是小狗""我是大型犬，它无法对我构成威胁"后，就不会把对手当一回事，可以潇洒地无视它。

而头脑空白的人无法顺利调用通过下意识获取的信息，因此即使小狗在远处冲自己叫，也会像受到近乎被大型犬咬了一口的冲击一样，造成极大的精神负担。

头脑正常运转的人可以下意识地自动计算出"自己和对手的实力差距""自己与对方的关系""距离""风险"等所有因素，因此外人乍一看就像是什么都没想就做出了应对一样。

交给下意识，大脑就能全速运转

事实上，看似"什么都没想"恰恰是"大脑飞速运转，运用了下意识的信息"的状态。

下意识类似动物性本能，而下意识发挥作用其实是整个大脑都在工作的状态。

遇到言语攻击时头脑一片空白的人会拼命地尝试运用自己的头脑来思考。

可惜事与愿违，越是拼命地思考，想要躲避危险，大脑运转的部位就受限越严重。

对手一旦开始吼叫，自己的注意力就全部集中到了"被吼"这件事上，无法正常地思考。

只关注"被吼"这一威胁，大脑感知威胁的部位高度活跃，恐惧感就会越来越强。

给人造成的印象就是"被恐惧压垮，大脑变得一片空白"。

遇到言语攻击时大脑正常工作的人之所以能够"不用自己的头脑思考"，是因为他能准确地调用通过下意识获取的信息。

而平常无须思前想后，原因则是如果没有危险，下意识自然就会告诉自己。

下意识能够自动地感知危险并回避危险，因此大脑正常运转的人反而不需要过度思考。

下意识能够敏锐地发现机会

下意识不仅能回避危险，还能及时地告诉人们哪些场合存在机会。

因此，在下意识告诉自己机会出现时，大脑正常工作的人能够将它紧紧抓住。

平时把任务都交给下意识，应激激素的分泌就会很少。

等到机会来临时，应激激素适度分泌让大脑兴奋起来，大脑就开始飞速运转，平常看起来不怎么考虑事情的人也能牢牢地抓住机会。

而大脑空白的人总是在思考如何回避危险，大脑一直被恐惧感占据，应激激素也会不停地分泌。

于是等到机会来临时，下意识明明已经准确地告诉自己，却因为大脑只考虑"危险"这一因素，无法调用下意识发现的信息。

　　即便知道机会已经到来，也会因为平时过度使用应激激素，导致面对机会时大脑停止运转，出现让机会白白溜走的情形。

束缚你的思考方式：

『过于……』

第 **3** 章

过于有逻辑地思考

忽然被问到"会不会打棒球"，怎么办

我在其他书中也提到过，我有一次头脑空白、陷入恐慌的经历，记忆非常深刻。那是在学生时代，我突然被要求在垒球比赛时上场。

英语老师马克问我："你是日本人，肯定会打棒球吧？"我不怎么会说英语，但为了让对话能持续下去，居然回答了："Yes!"

于是马克接着问："那今晚有一场垒球比赛，你要不要参加？"我又回答："Yes!"

下一瞬间，我感觉胃里翻腾起来，开始发愁：

"好烦哪，我根本没怎么打过棒球，该怎么办？"

接着又翻来覆去地想了许多，比如"上场后表现不好，会不会被马克讨厌"，"在大庭广众下失败，丢人现眼，再也无法挽回形象怎么办"，等等。

夜幕降临，我怀着沉重的心情来到赛场。那是一个让人十分震撼的大棒球场，看台上已经坐了许多观众。

我顿时陷入了恐慌，马克可没跟我说过场面有这么大呀！"完蛋了，完蛋了！我可是连投接球都做不好哇！"——这个念头一起，大脑中顿时一片空白。

马克看我到了，立刻递给我一副手套，吩咐我说："阿信，你来防右外！"

我接过沉甸甸的手套，心里却想着："右外？啥是右外？"

队友们纷纷跑步入场，我赶忙也跟着跑去。只听到马克一声怒吼"No"，顿时头脑一片空白，僵在了那里。

身旁的人大叫"那边"，手指向了与我完全相反的方向。他一边叫着"No"，一边做出"继续向后"的手势。我不停后退，直到他给出了"OK"的信号。

这时击球员已经击中了球。随着叮的一声脆响，球高高地飞向空中。我脑子里全是"千万不要过来""接住球以后该丢向哪里"这两个念头。

天不遂人愿，球似乎真的朝我的方向飞来了——马克在大喊："阿信！接球！"

我琢磨着球可能掉落的位置，把手套举过头顶做好准备，它却在我注视的目光中落在了我身后很远的地方，发出咚的一声大响。

"完蛋了！"我顿时双眼含泪，愣在了原地。

附近的队友赶忙跑向球掉落的方向，捡起球递到了我的手里。

我的大脑一片空白，把球扔向了完全错误的方向。看台上爆发出哈哈哈的大笑声，我的头脑越发变得空白，记忆也到此完全中断了。

右脑与左脑的差异

我这次大脑空白的经历可以用"婴儿时期错过了喝奶的时机，遇到压力时会出现血糖值不稳定问题"来解释。

但是，"大脑变空白"还有一个诱发条件——右脑和左脑的特征差异。

组织众多语言进行思考或进行理性分析时，需要用到左脑。

而运用空间感感知球和自己的距离，或运用知觉感知别人的视线等时，需要用到右脑。

首先，马克问我"会不会打棒球"时，我的左脑在胡思乱想着"必须把对话继续下去，不能冷场"，"被马克讨厌的话，我的成绩肯定会下降"之类。

而对于"会不会打棒球"这个问题，右脑的感受则是"我觉得不行"！

这时由于左脑的胡思乱想，我完全无视了右脑"我觉得自己打不了棒球"的信息。

我并不是有意识地忽略它，只是当时处于左脑高度活跃的状态，根本没有发现右脑给出了"不行"的信号。

这时由于左脑的活动比右脑更活跃，可以说左脑一方处于高电位（电信号）状态（大脑通过脑电工作）。

左脑不停地胡思乱想，电位越来越高，左脑和右脑的电位差不断增大时会发生什么事情？

"哔、哔、哔！"串联右脑和左脑的脑梁[①]出现浪涌（大波电流），大脑变得一片空白。

这种情形下，人会陷入所谓恐慌状态，像我一样说"我会打棒球"之类不负责任的话，其实自己对此一窍不通。

不能正确使用右脑和左脑的信息

如果不胡思乱想，和左脑之间没有电位差，我

---

① 即胼胝体。

就能提取右脑"打不了棒球"的感觉信息，避免陷入恐慌状态，诚实地回答"我虽然是日本人，但从来没打过棒球"。

到了球场，由于胡思乱想着"被大家嫌弃了该怎么办"，"在大家面前搞砸了，丢人现眼怎么办"，我左脑的电位一路上升。

因此，尽管右脑直觉地判断出"右外在右边"，我却无法使用这一信息。随着右脑的电位降低，串联右脑和左脑的"脑梁"出现浪涌，人也陷入恐慌。

最终，我进入了手足无措、不知往哪边走好的状态。

球朝我飞来时，我左脑乱糟糟地思考着"接不到球怎么办""会给大家添麻烦"等问题，完全无法使用右脑的"与球之间的空间、距离感"。

这时浪涌果然再次出现，我再度陷入恐慌，整个身体都僵住了动弹不得，那状态比做噩梦更加可怕。

过于认真地思考，不懂妥协

太想做好反而使大脑频频犯错

越是认真、不懂得妥协的人，左脑越容易胡思乱想，因此左脑的电位会不断升高。

即便右脑觉得"差不多就可以了""必须变通一下"，认真而不懂妥协的人也会无视它们，因此左脑和右脑的电位差导致大量电流哔哔哔地产生，人和触电一样大脑变得一片空白。

举个例子，认真而不懂妥协的人在工作时往往会想"必须认真去做"，"必须认真检查，做到万无一失"。

人们可能会觉得这么想是理所当然的，其实这是左脑极度活跃的表现。

右脑觉得"适当偷工减料更好"，"肩膀不要那么僵，放松一点准没错"，认真而不懂妥协的人却总是选择无视它们。

如此一来，左脑和右脑形成电位差，一旦被上司指出错误，自己就会陷入大脑一片空白的状态。

大脑空白后，犯下不得了的大错，结果，噩梦照进了现实。

能够熟练运用右脑感觉的人不会有"必须认真去做"等想法，他们可以轻描淡写地做好工作。

即便被上司指出工作中的错误，他们也能面带笑容地表达自己的感谢之情，因此也更容易被上司赏识。

此外，大脑不会变空白的人更能从错误中吸取教训，让自己跨上新的台阶。

"破坏型人格"让认真的人犯错

认真而不懂妥协的人由于左脑和右脑的电位差在脑梁中生成浪涌，因此会出现"记忆得不到好好整理"的问题。

人一般在陷入恐慌后会进入"无法学习"的状态，继而一直会在同一个地方打转，很难感受到自己的成长与提升。

认真而不懂妥协的人陷入恐慌时连续犯错或犯下大错，则是因为他们实际上已经变身成了破坏型人格。

变成破坏型人格，所以才会不停犯错，给周围人带来损失。

正因为这些人认真而且不懂得妥协，所以周围的人总觉得他们不会做出给公司、上司造成损失的坏事。

但是浪涌产生，他们变成破坏型人格后，就

会做出"工作失误"这样不起眼的破坏活动。

由于他们变成了破坏型人格，在上司面前会破罐子破摔，给上司留下不好的印象，个人评价也因此一落千丈。

因此，认真而不懂妥协的人尽管已经在拼命工作，却怎么都得不到上司、公司的认可。

实际上，越是在"认真工作""不妥协"方面使用左脑，越容易和柔软的右脑形成电位差，稍微遇到点压力就会产生大量电流，出现破坏型人格。

认认真真工作，好容易累积起来的业绩及好印象就这样一瞬间被破坏了。

右脑和左脑在打架

此外，认真而不懂妥协的人会不断运用左脑思考"明明已经这么努力地在工作，却得不到认可，这不正常"的问题，纠结于其中的矛盾。

在左脑活跃的人看来，能够良好维持左右脑

平衡的人都是在"敷衍地做工作"。而他们的左脑会越来越活跃，思考"为什么这么拼命开动脑筋的我得不到认可，总是那些家伙得到认可"。

这样思考的同时，右脑其实已经感觉到"不是周围人的错"，"只要你愉快地工作就可以了"。

如果无视右脑的信息，左脑和右脑间就会出现电位差，他们随即变成破坏型人格，甚至觉得"这种混账公司，辞职算了"！

认真而不懂妥协的人在做家务时也会全速开动左脑，想着"必须为爱人把这些事做好"，打算拼了命地大干一场。

然而右脑的感觉却是"让自己快活点吧""想要过得舒服点啊"。

无视这一感觉，左脑和右脑之间就会形成电位差。

等到爱人回来，只要问一句："咦？饭还没做好吗？"大脑里立即就会出现浪涌，整个人陷入恐慌。

陷入恐慌后，就会失误连连，比如味噌汤里放了太多味噌、肉烧得太老之类。

大脑里浪涌电流流过，自己变成了破坏型人格，才会通过失误这种方式来对爱人造成伤害。

大脑里出现了浪涌电流，所以记忆也不翼而飞，将对方的所有言语都理解成富有攻击性："居然被家里的甩手大掌柜批评了！"

而爱人站在自己角度，觉得实在是委屈，忍不住申辩一句"我没有那个意思"。但自己已经被浪涌电流改造成破坏型人格，立刻就会反驳"你就是那么说了"，开始吵架。

"啊！可能左脑使用过度了！"

那么，这些认真而不懂妥协的人应该怎么做呢？答案是隐约感觉到"必须认真做事""犯错可不行"时，只需要发现自己"原来可能是左脑使用过度了"就可以。

发现"左脑使用过度"后，就能自动地去寻找右脑感知到的信息，想要弄明白右脑的感受。

右脑的感受往往是："可以啦！差不多得了！""犯错也没关系！"

下意识地感知到这些后，就能淡然地解决眼前的问题，感受到身心的愉悦。

这样一来，大脑变空白，人陷入恐慌的情形就不会再出现。

过于纠结好和坏

跟着感觉走更好

过于考虑好坏的人，其实并没有意识到自己的思考方式是"非黑即白"的。

觉得"我只是和大家一样深思熟虑后再行动"，其实已经是过于执着好和坏，左脑高度活跃的状态。

而左脑过度活跃的话，几乎可以说必然会有一些荒谬的事情发生在自己身上。

比如在超市柜台排队结账，收银员唯独对自己态度恶劣。这时自己就会大脑一片空白，不明白"为什么只对我这样"？

开车的时候，有些厚脸皮的车专门挑自己的前面插队。这时自己还是大脑一片空白，不理解"他为什么要挑那儿插进来"？

虽然很难察觉到自己"非黑即白"的思考方式，但眼前发生不合理的事情，头脑如果变得一片空白，就要明白"啊！我已经过度考虑好坏了"。

类似于"为什么只针对我一个人？！"的不合理的事情，往往发生于左脑活跃地思考好坏，与右脑形成的电位差引发浪涌的时候。

是大脑内形成的浪涌电流引起了不合理的事情的发生，还是不合理的事情诱发了浪涌电流？

这个问题类似于"先有鸡还是先有蛋"，但不管怎样，不合理的事情发生时，"好还是坏"的"非黑即白"思考方式很可能是影响因素之一。

"只有我被针对"也是非黑即白的锅

此外，"唯独自己被否定"也有可能是过于考虑好坏时的表现特征之一。

其他人做同样的事可能不会被说三道四，唯独自己被提醒这里不对、那里也不行，这种事许多人都经历过。

明明一直以来都非常考虑别人的感受，小心翼翼地做事以免被批评，偏偏只有自己成了别人的眼中钉，实在让人意难平。

为什么会这样呢？首先是不知不觉地对比别人与自己行为的好坏，考虑得太投入，左脑就会活跃起来。

而越是投入地考虑好坏，越是不能凭自己的感觉行动，左脑与右脑间便形成电位差，导致大量的电流产生。

这种情形出现后，同样过度考虑好坏的人会被吸引到自己身边。

他们对于同样频繁使用左脑的人富有攻击性，因为对方的左脑和右脑也具有电位差，产生了大量电流，形成了破坏型人格。

对方因大脑里的大量电流变成破坏型人格后，会刺激这边的大脑也产生大量电流，大脑变得一片空白，觉得只有自己被针对。

不过度考虑好和坏的人们大脑不会出现带电状态，也就不会招来那些奇奇怪怪的人。

但是倾向于考虑好和坏的人，大脑常常处于带电状态，那些奇怪的人会被这电场吸引，靠近并敌视他们。

即使认识不到自己过于考虑好和坏的缺点，但如果意识到自己"受到不合理的对待"或"被奇怪的人敌视了"，可以尝试"敷衍"或"马马虎虎"一点。

如此一来，那些不合理的事情或被怪人敌视的情形就会慢慢地不再出现。

能接受"敷衍""马马虎虎"就 OK

想要"敷衍"或"马马虎虎"地做事时，大

脑总会提醒自己"你可能做不到"，这是因为判断好和坏的左脑在高度活跃地工作。

左脑一旦活跃起来，人会对"敷衍""马马虎虎"产生强烈的抵触感，武断地判定自己做不到那样。

"敷衍""马马虎虎"等词语有着带动左脑活跃着的人将右脑发动起来的作用。

做工作时，只需要在心里默念"随便做一下"就能带来"右脑活跃，左脑电位下降"的效果。如此一来，电流不再冲击大脑，受到的不合理对待也会消失。

即便遇到困难，因为右脑和左脑的电位能够保持平衡，自己也能够做到大脑不再变空白，妥善地应对处理。

此外，收拾房间的时候也是一样。试着告诉自己"随便搞一下"，右脑就能正常运作，不用思考就干净利落地行动起来。最后房间整理出的效果和以前截然不同，自己的心情也跟着好了起来。

随即出门，凭直觉就能迅速做出判断"啊！今天就坐这趟电车吧"，行为模式与以往完全不同。

长此以往，就会突然发现"咦？最近没有再碰到那些奇奇怪怪的人了"。再也碰不到让自己心烦的人，那些大脑变空白、陷入恐慌的经历仿佛也都是很久以前的事了。

对"敷衍"或"马马虎虎"地做事抱有抵触感，是过于考虑好坏的证据。

通过调节左、右脑之间的电位差，大脑不再变空白，人也不再无所适从，慢慢地做事也会越来越顺利，人生充满了乐趣。

过于考虑别人的感受

考虑别人感受的是左脑

人在头脑空白时，经常会出现给人送礼送得很尴尬的情形。

自己已经绞尽脑汁地为对方着想，却发现礼物送出去之后对方的表情很微妙，并不十分高兴。

因为头脑空白的人觉得"自己已经为对方考虑得太多了"，其实，负责考虑的只有左脑。

通过对方过去说的话，运用左脑进行逻辑分析，最后得出了"给那人送太贵的礼物他不会喜欢"，"他应该喜欢与众不同的礼物"等结论。

其实对方不过是客气一下，说"我真不需要这么贵重的礼物"，"我可不想带着这些大牌儿招摇过市"，结果自己用左脑思考，将他的话完全当真了。

右脑能够直观地感受到对方不喜欢自己深思熟虑后挑选的礼物。

右脑的直觉明白应该给对方送什么礼物，但一旦"过于考虑对方感受"，就会将对方的言语全部当真，左脑开始占据优势。

这样一来，和右脑形成的电位差就会形成大量电流，以至于买错礼物，让收礼的人大失所望。

事后才闷闷不乐"啊，啊！我明明已经猜到他喜欢什么了"，大脑再次变得一片空白，这全是因为过于考虑对方的感受了。

在职场及学校也有很多"没眼力见儿"的人。

大家可能觉得没眼力见儿的人都不考虑别人的感受。其实这种看法是错误的。

相反，他们可能觉得"必须学会察言观色"，过于考虑别人的感受了。

如此一来，他们将周围人说的话全都当真，左脑飞速运转，无法调用右脑的感觉信息，由此造成左右脑的电位差，大脑内产生大量电流，人也变成破坏型人格，言行举止与周围的人格格不入。最后弄得大家尴尬，自己大脑里也变得一片空白。

一味考虑别人感受的人会把别人的话全都当真，左脑高度活跃，和右脑感知到的信息产生矛盾，以致整个大脑都陷入混乱。

在脑中模拟对方的举止、表情

过于考虑对方的感受，带来的结果就是右脑已经明确感知到了信息，自己也明白该怎么做，却无论如何都做不到，最终做出让对方困扰或不愉快的事情来。

这种"过于考虑对方感受"的人可以尝试站在对方的立场上体会一下对方的感受，让右脑活跃起来，大脑就能不再一片空白。

　　具体来讲，就是在大脑中模拟"自己收到礼物时会怎样"，彻底让自己化身成对方，想象自己收到礼物时的情形。

　　模仿对方的表情及举止时右脑活跃，左脑和右脑就不会形成电位差。

　　没有电位差，无须太过考虑对方的感受也能送出让对方高兴的礼物。

　　平常非常照顾他人的感受，却经常受到对方的嘲讽或不公平对待——这种人不妨试着在头脑中彻底将自己化身成对方，想象一下如果自己是对方的话今后会怎么做。

　　通过想象对方的表情与反应，右脑高度活跃，大脑就不会再一片空白，而是能够和对方流利地对话。

　　一旦开始过度考虑对方的感受，就应该立即试着完全化身成对方，感受对方的情绪。

　　右脑活跃起来，和左脑保持平衡，就不会再过度考虑他人的感受，即便单纯按照自己的感受和对方交流，对话也能顺利推进下去。

如果有人觉得"唉！在头脑中想象对方的样子太麻烦了"，那就是"左脑过度活跃"的证明。

口令是"完全化身成对方"

因为想着"我办不到""真麻烦"的时候，左、右脑之间也存在电位差。

这时只要想着"完全化身成对方"，右脑就能慢慢活跃起来，自己也能不再一味考虑别人的感受，顺畅地和对方交流。

对于大脑来讲，只要将"完全化身成对方"看成有趣的事，右脑就能自动地进行"感受对方的感受""确认对方的表情"等工作。

过度考虑他人的感受时，在心中默念"我要完全化身成对方"就可以了。

这时右脑便自动地活性化，与左脑取得平衡，自己无须思考也能让对方高兴。

第 **4** 章

「夸奖」能赶走
脑中的噪声

夸奖别人，自己也轻松

不会夸人是压力大的信号

放假期间，我有时只想自己在家待着，谁都不想见。

到了不得不外出购物时，隔了许久来到街上，顿时会觉得十分不安，头脑变得一片空白。连自己都吓了一跳。

抱着去到外面面对陌生人的不安与恐惧，终于下定决心来到街上，走进面包店，结果被店员一问："需要袋子吗？"脑子里变成了一片空白。

自己"啊啊啊"地说不出话来，在店员及排

队等待结账的客人面前出了大洋相。

　　后来开始工作，尽管也要外出和人接触，有趣的是自己不再出现头脑空白的情形了。

　　为什么一段时间不和人接触，碰到人后大脑会变得一片空白？我开始对其中的原理产生兴趣。

　　后来京都大学大学院①使用老鼠做医学实验，发现"不接触其他老鼠，老鼠大脑内名叫 mDia 的蛋白质会增多。这种蛋白质会让它们不安"。

　　我和任何人都不接触期间，大脑内的 mDia 蛋白质增多，所以和人说话时大脑会变得一片空白。

　　越是不和人接触，大脑内的蛋白质越是增多，和人接触时大脑变空白的概率也越会上升。

　　仔细想一想，我发现了一个问题："等一下！即使平常没断了和人接触，有时也一样会大脑变空白。"为了解答这个疑问，我特意回顾了大脑变得空白的前后过程。

---

①　日本的大学院相当于中国的研究生院。

　　这种情形一般都出现在做什么事都觉得无趣、无法顺利进行下去的时候，被人言语攻击后觉得"谁都不可信"的时候……我总结出了它们出现的规律。

　　那时我的大脑中经常有批评自己和批评别人的两个小人在不停地打架。

　　在实际和别人交谈的过程中，我完全没办法夸奖别人；而一旦有不高兴的事，我的大脑又会变得一片空白。

　　如果是在平时，我是会夸奖人的，但精神上没有余力时就不会夸人了。如果再稍微遇到一点压力，自己就会陷入恐慌状态。

　　之所以会这样，**我觉得不会夸奖人可能是因为自己精神上处于封闭状态**。

　　精神上处于封闭状态时，引发大脑空白的蛋白质会增多。这么一想，其实和自己一个人在家待久了是同样的道理。

　　由于引发的反应是一样的，所以我明白了，不会夸奖别人的原因是精神上处于封闭状态，大脑里的蛋白质在不断地增多。

没有余裕等于"精神封闭状态"

不会夸奖别人会使得自己不愿意见人。

原因是精神封闭状态让大脑里的蛋白质不断增多。

那画面就像是引发大脑恐慌的噪声在不断地累积。

精神上没有余裕时，人的确只能考虑到自己。别人明明在说话，却一点也听不进去，也没有余力去考虑别人的感受……

最开始我觉得自己"只是心里没余裕"，后来觉得说是"精神封闭状态"更容易理解一些。

处于这种精神封闭状态时，觉得没有余力去褒奖别人也是理所当然的。

因为引起头脑空白的蛋白质正在大脑里不断增多。

"没有余裕""陷入恐慌"的原因是大脑里的蛋白质不断增多，也就是说，只要出门让蛋白质消散就能解决问题。

原本喜欢把自己关在家里的我敢于出门后，居然发现那些陌生人都不再可怕了！因为我大脑中的噪声——蛋白质已经被宣泄出去了。

而处于精神封闭状态时，很难认识到自己正在自我封闭，其实"不会夸奖别人"就是发现封闭状态的很好的指标。

通过夸奖别人，能够得到"精神上外出"的效果。

维持"无法夸奖别人的状态"，等于维持封闭状态，大脑中导致空白的噪声会不断增加。

反过来，如果善于褒奖别人，就能不断解放心灵，消除大脑中的杂音。

夸奖别人能释放想象力

逻辑思考使得"否定评价"变多

　　学生时代，教授曾在心理学的课上要求我们"找出自己的出色之处，列一张清单"。听到这儿，大家发出了一片嘘声。

　　说到"自己的出色之处"，一时间完全想不出来，脑子里浮现的只有"吃饭很快""食堂的饭也能一粒不剩地全吃完"之类。

　　随后，教授又要求我们"列一张自己缺点的清单"。这次我想的是"哇！那我能写一笔记本"。

　　"学习能力差""记忆力差""沟通能力差""说

不好英语""不会和人搞好关系""不会打扮""舍不得丢东西"……一个个写下来，把我自己都吓得不轻。

教授看完，评价是**"列举缺点比出色之处多的人更擅长逻辑、分析思考，使用左脑更多"**。我当时感激得不得了。

从小我就一直被教训说："你小子做事总是一时兴起，从来不会多考虑考虑，真是没用！"所以我一直觉得自己属于右脑直觉型，现在居然被说"擅长逻辑思考"，真是喜出望外。

教授又要求我们"制作一张邻桌同学的长处的清单"。当时我旁边坐的是留着长长金发的杰西卡，我的心里顿时紧张起来。

不过，这时候的我头脑依然清醒，"杰西卡很聪明""有团结大家的能力""很有魅力""穿衣打扮和使用的物品都有品位""沟通能力强""会关心人"……写了许多，根本停不下来。

看到这些，杰西卡都震惊了。

看过我写的超长清单后，教授评价说：**"阿信根据杰西卡的形象开动了想象力，这时是右脑在工作**。"

教授让我们列清单，单纯是为了解释左脑与右脑的功能区别，而我在实际操作时察觉到了："啊！**夸奖别人，开动右脑，感觉自己也得到了解放**。"

在夸奖杰西卡之前，即便是在心理学的班级当中，我都一直在否定自己，觉得"没法和班级同学搞好关系""成绩比所有人都差""连教授都嫌弃我"，打心底里觉得自己在班级里是被孤立的。

然而完成夸奖杰西卡的清单后，我发觉："咦？被孤立的窒息感消失了。"似乎置身于一个广阔的空间，整个人都得到了解放。

如今再回头想想，明白当时自己一味使用左脑进行逻辑、分析思考，精神上已经陷入了孤立状态。

因此，尽管班上有许多同学，我却依旧被"孤立"和"孤独"困扰着。

我在班上一直独来独往，因此对杰西卡一无所知。

要夸奖一个自己一无所知的人，我只能发挥想象力，创造出一个我以为的"优秀的杰西卡"。

通过夸奖别人来发挥想象力，让右脑活跃起来后，顿时感觉"从孤独感、孤立感中解放出来了"。

没错，右脑有"把握空间"的功能。

依赖左脑的逻辑、分析思考会陷入"对或错"的"非黑即白"的思考模式，感觉就像进入了孤立的狭小空间。能够运用右脑准确地把握这一空间后，就会感觉从孤立感中解放出来，从狭小的空间飞到广阔的天地之中。

不了解对方也可以凭印象夸奖

批评自己或别人时，人在运用逻辑、理性的思考，左脑占据上风，有可能陷入精神封闭状态。

这时虽然想要夸奖人，却还不太了解对方。那就要发挥想象力，让右脑活跃起来。

右脑活跃起来后，就能准确把握自己四周的环境，摆脱精神封闭状态，把思路拓展到更广阔的空间去。

我在给人做心理咨询时，偶尔会建议他们"夸奖一下家人"，但得到的答复往往是"家人没什么值得夸的地方"。

这是因为他们运用逻辑、分析思维，左脑一直在紧张地工作。

他们自负地认为"我太了解家里人了"，其想象力就无法发挥作用。

这时我会问他们："**如果把家人当成素不相识的路人，您会怎么夸奖他们？**"要求他们在脑中模拟，刺激右脑发挥想象力。不用多久，他们就能说出"啊！他特别为家人着想""对我挺照顾的""一直努力保持家庭内部沟通""能配合我节省开支"等夸奖的话，因为这时右脑已经被充分调动起来了。

右脑活跃起来后，他们从精神封闭状态中解

放出来，大脑里的噪声减少，遇到事情就不会变成
一片空白。

　　这样一来，什么场合都能从容愉快地应对了。

　　由于大脑里的噪声减少，继而头脑也能正常
运转，最后惊喜地发现："人生能够按照自己的设
想进行了！"

"面都不想见的人"也要夸奖

提前想好的夸奖没有意义

有的人，我们一碰到就会大脑变得完全空白。

之所以见面前心情就十分沉重，是因为大脑里已经产生了大量的噪声。

因为让我们碰面就头脑空白的人会刺激"这也不行、那也不行"的逻辑思考及"他是这样想的吗？是那样想的吗？"的分析思考，让我们的左脑也变得活跃。

很自然地，我们会觉得："碰到他，头脑就变得一片空白，夸奖的话根本就想不出来。"

　　只能提前想好夸奖的话再去见那个人，结果一碰面，大脑又变得一片空白，想好的话根本就说不出来。

　　这是为什么呢? **因为提前准备夸奖的话时使用的是左脑的分析能力，设想着"夸奖他以后会得到什么样的结果"，大脑里的噪声丝毫没有减少，以至于和对方一碰面，根本就夸不出口。**

告诉自己"说些违心的夸奖之词"

　　为了刺激右脑，说一些违心的夸奖之词最有效果。

　　左脑会提出抗议："夸违心的话，那不是撒谎吗?"

　　这不是撒谎，**"说些自己都觉得违心的夸奖之词"是为了刺激右脑的想象力。**

　　面对别人时，在头脑里告诉自己"说些违心的夸奖之词"以后，就会诧异地发现："哎呀! 敷衍的夸奖之词居然很顺口地说出来了！"

这样一来，右脑的想象力得到刺激，右脑的能力让"一碰到就会让自己陷入恐慌的人"在自己眼里也完全变了模样。

要由衷地夸奖，需要左脑工作，这时大脑里的噪声丝毫不减，头脑无法正常工作。

但是，要违心地夸奖必须刺激右脑，这时大脑里的噪声不断减少，大脑高速运转，夸奖的话也能很顺畅地说出口。

这样一来，面对那些让自己头脑空白的人时，大脑里的噪声就消失了。

噪声消失，大脑就能正常运转，得到解放和自由。

自己也能想出许多好主意

有位女士一直有个烦恼，一旦被上司问到什么事情，她就会陷入恐慌状态。

　　她对上司说的话永远是否定的，总是这也不行、那也不行。

　　这时上司必然不高兴：我不想听否定的意见，我只想知道怎么能实现我的想法。

　　而这种情形下，女士再次给出了否定答案："虽然您这么说，但做不到的事情就是做不到。"自然会在上司那里受到冷遇。

　　被上司冷处理后，她越发害怕工作，害怕星期一的到来，一到星期一就身体不舒服。

　　最终演变成一见到上司就陷入恐慌的情形。

　　我建议这位女士试着"对上司说一些违心的夸奖之词"。

　　她开始是拒绝的，找了"我办不到""我连开玩笑都不会"等许多借口。

　　然而，她太想摆脱"在上司面前陷入恐慌"的窘境，尽管心里不情愿，还是决定尝试一下，来清除大脑里的噪声。

　　面对上司时，她在脑子里劝着自己"违心地

夸夸对方"，惊讶地发现自己居然流利地说出了"多亏了您的指导，我才发现了自己之前忽略的错误"。

听到这话，上司一脸的不可思议，接着又恍然大悟一般，换成了惊喜的表情。

女士又接着说："您真的非常关心下属，总是耐心地指导。"尽管她的心里从来没这么想过，却说得十分自然。

上司似乎很不好意思，回答道："没有这回事。"之前她可从没见过这种表情。

试着夸奖一下原本害怕的上司，在他面前陷入恐慌的情形便会逐渐减少，去公司也变得轻松起来，再也不会因为身体不舒服而请假了。

她在随口夸过上司后，面对上司出的难题时居然能够想出许多好点子，轻松地加以解决。自己都惊诧于自己的能力，原来头脑中的噪声消失后，大脑能够这样高效地运转。

随后这位女士又开始积极面对其他让自己头

脑变空白的人，主动地运用这一技能来消除大脑中的噪声。

　　尝试通过说一些违心的夸奖之词来刺激右脑，消除脑中的噪声后，会发生许多有趣的事。

夸奖父母不是为了逼自己显得孝顺

你能说出难缠的父母的优点吗？

　　或许读者看到这里，心里会想：我在父母面前也敢抱怨，也敢生气，从没有过脑袋变空白的时候。

　　孩童时期姑且不论，现在真正的状态其实是"因为已经是成年人，这才敢将负面情绪向父母发泄，所以在他们面前才不会陷入恐慌"。

　　但是，**"在别人面前头脑一片空白"最明显的一个衡量标准就是"会不会夸奖对方"。**

　　被要求"夸一下父母"时，如果想不出夸奖

的话，就是头脑变成了空白的证明。

面对父母时头脑变得空白，大脑里的噪声不断积累，就可能陷入精神封闭状态。

这种状态会让人没有自信、自我否定或不敢做自己想干的事情，最终甚至会觉得自己的人生都没了希望。

敢于表扬父母后，大脑里的噪声消失，就能从这种感觉中解放出来。

没错，父母比任何人都更能刺激您的左脑，造成精神封闭状态。

这种父母只会说"但是、不过"等否定的话。

此外，即便子女做了了不起的事，他们也不会夸奖，不会坦率地表达喜悦之情。

他们就那么冷眼旁观，刺激子女的逻辑、分析思维，让他们的左脑高度活跃。

对这种父母，**自己如果发火，反而会因"罪恶感"使得左脑更加活跃。**

如果默默忍受，还是会因父母不满的神色而

情绪低落，导致大脑里的噪声不断增强。

从难缠的父母那里获得自由的"随口褒奖"

　　对这种父母，觉得夸不出口也是理所当然的。

　　因为自己头脑一片空白，根本不运转了，找不到夸奖的话。

　　即便有话说得出口，也只有揶揄和嘲讽。

　　那么，哪些褒奖的话能刺激父母和自己的右脑，消除彼此脑中的噪声呢？

　　比如可以在嘴里随口嘟哝："我一直都从心底里感谢妈妈（爸爸）。"

　　不一定非得要他们为我们做了什么，平时完全没事的时候就可以随口说说这句话。

　　"说从没想过的话"具有刺激自己右脑想象力的效果。

　　父母听到这句话，首先得回忆一下过去，想想这话指的是什么事情。通过这种情景模拟，右脑得到刺激,大脑中的噪声就减少了。

父母如果问:"这话是从哪儿说起?"不要具体回答,可以用"没什么,平时一直就很感谢你们"来搪塞一下。回答得越含糊,父母的右脑就越能得到刺激,运用情景模拟能力降低脑中的噪声。

也可以没事的时候随口夸奖一下:**"妈妈(爸爸)一直都善良又温柔!"**

这能够刺激双方右脑中负责管理时间意识的部分。

"善良又温柔"这句话背后的意思是"一直都能接受所有的命运,珍视度过的所有时光"。

大脑里如果噪声累积,自己会陷入精神封闭状态,没有办法保持积极的生活态度。

默默地接受命运其实和大彻大悟相仿。这句话就是从这个角度夸奖他们。

这样一夸,父母就要在头脑中运用时间感知能力,回想自己那些"忍受命运的经历"。右脑受到刺激后,他们脑中的噪声就会逐渐消失。

"妈妈（爸爸）很了解我的弱点嘛。" 其实也是一句很大的褒奖。

告诉自己"父母了解自己的弱点"，就能刺激右脑意识到"父母和我不一样"，感知到父母和自己之间的距离，清除大脑里的噪声。

父母听到"了解自己的弱点"这个评价，右脑中负责身体感觉的部分会受到刺激，右脑就能活跃起来，大脑中的噪声也随之消失。

这样一来，双方都能从精神封闭状态中解脱出来。

此外还可以随便挑个时候夸一夸：**"妈妈（爸爸）的眼光真好。"**

对于自己来讲，"眼光好"是个"从来没这么觉得过"的夸奖，因此能够刺激右脑的想象。

父母听到"眼光好"这个评价，右脑的艺术细胞受到刺激，大脑里的噪声消失，也能得到解放。

"说一些违心的夸奖之词"同样能对父母使用，不过也可以先试试这些"褒奖言语的样本"，确认一下夸奖后，自己和父母大脑的状态。

通过夸奖，不停地消去头脑中的噪声，就能慢慢地离开父母身边自由飞翔。

这不是为了孝顺父母，而是为了消除大脑中的噪声，让双方都获得自由。这样一来，夸奖和被夸奖的人才更能感受到喜悦。

不承接对方的

『罪恶感』

第 **5** 章

"头脑一片空白"的典型场景

自己被贬低时

受别人刺激，头脑变空白有几个典型的场景。

最容易理解的就是**"被指出错误，被责备"**。

做了错事被别人指出来或批评的时候，大脑就变得一片空白。

一对一的时候遇到这种事情已经很难忍受，周围有人时大脑就变得更加无法运转了。

"在众人面前出丑"也是"大脑变空白"的突出、典型场景。

被指出工作上的失误，自己的特征在众人面

前被模仿、被嘲笑时，自己的错误、自己觉得丢人的部分一旦不被认可，人就会更加恐慌。

就算反驳，也会被对方批评，说是"在找借口"，弄得自己又一次大脑变得空白。

这就是为什么自己明明努力想要解开误会，却被对方批评是"在找借口"。

为了不让别人发现自己的弱点，人人都在各种场合戴上面具，扮演另一个角色。

一旦伪装被人揭穿，大脑就会立刻变得一片空白。

比如孩子说父亲"那家伙真没用"，母亲批评他"不可以说爸爸的坏话"。

这时孩子反唇相讥："妈妈你还不是也经常说爸爸的坏话！"母亲的大脑立刻变得一片空白。

很想扮演一个"好妈妈"，却不料"苦于丈夫无能的妻子"的本来面目被孩子发现，只能怒斥他："你一个小孩子也敢顶嘴！"

撒谎被别人揭穿时，大脑也会变得一片空白。

　　有人弄坏了公司的物品,因为怕被批评,立即下意识地撒谎说"不是我干的"。

　　他觉得物品可能在自己接触之前就已经坏掉了,所以才会说不是自己损坏的,不想公司的人却像审讯犯人一样,一口咬定:"不对,除了你没别人!"

　　被人戳穿是在撒谎,他的大脑立刻变得一片空白。

　　综观上述这些典型场景,其实可以概括成一句话:**自己被视作"丑陋的人"时,大脑会变得一片空白。**

　　"丑陋的人"给人的印象是和周围格格不入,又脏又卑微,不诚实,撒谎成性的惯犯。

　　可能人们觉得自己和"小偷"这个词不沾边,但**"只拿钱不干活儿""爱乱花钱的冤大头"等稍带揶揄的话也同样有让人大脑变空白的效果。**

　　简言之,自己被当成"加害者"时,人的头脑会变空白。

明明是对方的错

反过来，也有一种模式是"自己成为受害者"时，头脑变得一片空白。

对方轻描淡写地指出了自己的错误，由于这种"因为犯错，自己受到了伤害"的状况，大脑变成了一片空白。

有人在面前做出不堪入目的举动，自己整个人陷入了恐慌状态。

有人对着自己讲下流话，大脑也会变得一片空白。

父母在餐厅对着店员大吵大闹，这种情形下应该是父母惭愧，自己却头脑变得一片空白，从那以后变得害怕跟别人一起吃饭。

有时明明是受害者，自己却变得头脑一片空白。

"对方犯了错，却一个劲儿地狡辩"时，自己气得不行，大脑却一片空白，当时一句话都说不出来。

**气得不行却不知道该说什么，或是干脆将对方
痛骂一顿，这些反应都是因为大脑已经变成了空白。**

此外，面对那些谎话张口就来的人，有时也会
大脑一片空白，有时会被迫变身成破坏型人格，毁
掉自己的人际关系及工作中的机会等。

一定要察觉心灵受伤的地方

有的人平时认真、诚实地生活，生怕被人说闲
话。一旦他们被别人当成"加害者"或"受害者"，
大脑就会变得一片空白，之前拼命累积起来的一些
东西就会瞬间土崩瓦解。

越是清清白白、规规矩矩地做人，遇到这些
刺激就越是大脑空白，出现将以前的东西破坏干净
的倾向。

但问题在于，受到刺激以致大脑变空白后，它
们就会变成心里的伤痕。

　　"那人对我撒谎了""那人叫我撒谎精"——受
到这些刺激以致大脑变空白后，这些话就会成为扎
在心上的刺。

　　**"不能撒谎"的执念太强，对"谎言"这个伤
口就会变得十分敏感，想要远离谎言。**

　　**离谎言越远，人就越认真、诚实，别人也越
是会看准了这个弱点加以刺激。**

　　所以，即便有人劝说"不用活得那么较真、诚
实"，自己也做不到。

　　受到别人刺激，头脑变得空白时，如果能察
觉到"自己心里这块地方受了伤"，对受伤的自己
温柔一点，慢慢地，头脑就不会再变空白了。

"为什么""什么原因"是扎心的谜团

表演出的角色被扒得精光

爱人托自己买酸奶,结果爱人回到家打开冰箱门,劈头就问:"为什么没给我买酸奶?为什么?"自己的头脑顿时变得一片空白。

忘了就是忘了,没有什么理由。

但是**被追着问"为什么",感觉就像对方在指责"为什么无视我交办的事情"一样。**

这会演变成被指责是"违背了约定的骗子",因此一句"为什么"就让人觉得自己被对方看成了"加害者",大脑变得一片空白。

终于，"我也很忙的，好吗？"脱口而出。只是单纯忘记了买，却找了个"自己忙"的借口。

结果心虚之下又感觉对方在指责自己"找借口"，大脑越发变得空白一片，说出了破坏两人关系的话。

有个人被上司问道："为什么之前我提醒过的事情你还是做不好？"因为话里带了"为什么"三个字，他的大脑就变成了一片空白。

上司问"为什么"，他感觉到的却是被指责"不遵从上司指示、自作主张的家伙""办不成事、白拿薪水的骗子"，大脑就变成了一片空白。

随后不知为什么，摆出了一副不服气的态度，惹得上司越来越生气。

因为从"为什么？""什么原因？"这类提问性质的语句里感受到了强烈的谴责意味，所以才会头脑一片空白。

"为什么""什么原因"等词语里非常巧妙地隐藏着让人头脑变空白的机制。

因为如果对方回答"我是因为某某理由才没做好",就可能被指责是在找借口,让他的大脑变得更加空白。

被问到"为什么"时,如果在头脑空白的状态下做解释,必定会有"谎话"掺杂在里面,免不了被指责是"骗子",大脑变得空白一片,整个人都陷入恐慌。

而提问方的意图可能不过是"我想知道你真正的想法,所以才问了问为什么"。

但是,人人都想:"真心话会被对方讨厌,不能说!"

人都会隐藏自己的本性,根据不同的情况扮演不同的角色。

大家都害怕角色面具下真正的自己一旦暴露,就会伤害到别人,让自己被讨厌,因此才不敢说出真心话。

扮演的角色和真正的自己之间总会有差异,因此难免会提心吊胆地害怕谎言暴露,被人说是骗子。

　　所以必须把谎言一直维持下去，这又会生出已经被对方看透的感觉，大脑变得越发空白，人也更深地陷入恐慌。

心乱的原因是"罪恶感"

　　除了"为什么""什么原因"之外，对方的言语中如果夹杂着"骗子""不诚实""骗人""你错了""不坦诚""不会反省""太浪费（时间和金钱）""不认错""不懂别人的感受""只考虑自己""自私自利"，等等能让人产生"我是加害者"的感觉的句子，也会让人头脑变空白。

　　让人心乱的语句的特征是"能激发罪恶感"。

　　被别人的言语搅得心乱时，如果觉得"咦？难道我真的不对？"罪恶感被激发，想要自我反省，就能发现哪些句子能让自己大脑变空白了。

　　此外，**如果对方说的话里有自己彻底否定的句**

子，说明这句子也有能让人头脑变空白的刺激性。

　　听到自己想要彻底否定的语句时，因为大脑变得一片空白，等到回过神来，才发现自己已经被对方逼成大恶人了。

　　所以在感觉想彻底否定对方的时候，试着想一下"啊！他的话里有能让我大脑变空白的语句"，就能轻松跨过对方的语言陷阱。

　　相反地，自己怒气上涌，想要痛斥对方时，也应当立即发现"他的话里有能让我大脑变空白的语句"！

　　感到愤怒时，人很难察觉到自己的大脑已经处在一片空白的状态。

　　但是，那些惹人生气的话语已经真真切切地让自己头脑变得空白，自己被逼出了破坏型人格，等到回过神来才发现："咦？我居然变成了个大坏人！"不知不觉间，立场也从谴责者变成了被谴责者。

　　因为那些让人头脑变空白的话，把自己破坏

型的人格逼出来了。

　　是的，那些在话里夹杂这些语句的人就是看不惯清正、规矩的人，想让他们变得和自己一样。

抹去自己，不承接对方的罪恶感

只感知"对方想要什么"

有个孩子一直在看电视，被母亲斥责："你这孩子，为什么就不能好好学习呢？"

因为话里有"为什么"，这让人心乱的句子使得孩子大脑一片空白，陷入了"明白必须要认真学习，却怎么也投入不了"的状态。

父母都会辩解"我这么说是为了让孩子学习"，其实他们心里也明白，如果真心想让孩子学习，说"差不多该去学习了"或"我们一起做之前买的参考书吧"会更有效果。

明知"为什么不去学习"没有效果，偏偏要一直使用，这是为什么？

原因是母亲自己抱有种种罪恶感，比如"以前自己也没有好好学习"，"自己不大舒服，也在家里无所事事"，等等。

通过质问"为什么"，制造一个"懒虫""该做不做的骗子"的坏孩子，以此来做减轻母亲罪恶感的免罪符。

当然，母亲并没有意识到自己在拿孩子当免罪符。

但是，母亲对孩子乱用扰乱心绪的语句时，背后隐藏着她们自己都没发现的后悔或罪恶感。

这份罪恶感投射到孩子身上，她们说话时不自觉地就带上了扰乱孩子心绪的语句，把孩子逼成头脑一片空白、什么事情也不做的大坏人。

所以，如果被扰乱心智的语句说成大坏人，大脑即将一片空白时，不妨试着想一想"对方现在的精神状态就是不可理喻"，心情就能轻松不少。

在职场上，有时会因为"为什么你总是不认真检查文件？我提醒过你多少次了"等批评而头脑一片空白。

如果真想让下属检查文件，就没有必要使用这种扰乱人心绪的言语，只要说"某某，你把资料再检查一遍"就可以了。

这位上司不过是想制造一个恶人——"只拿钱不干活儿的下属"，减轻自己完不成工作的罪恶感。

看看上司，表面上装作所有工作都能完美应对，其实内心压力极大，充满了"自己是个装着认真工作的骗子"的罪恶感。

为了减轻这份罪恶感，他使用让人头脑变得空白的语句，制造出一个不会工作的反面角色。

当然，这些都不是故意的，是上司心中的罪恶感自动让他这么做的。

看上去是在指责下属，其实内心充斥着对自己的不认真、不诚实的罪恶感。

但是，即便下属自己做了这个"不会工作"的

恶人，上司的罪恶感也不会因此而消失。

即便往下属身上转嫁，上司心中的罪恶感也不会消失，反而会因为转嫁行为而变得更强烈。

出于罪恶感，上司会越来越多地使用让人心乱的言语，情况也会越变越糟。

让你心乱的言语是说话人心里的乱流

因此，"抹去自己"就变得十分必要。

"抹去自己"说的是在头脑即将变空白时，在心中抹去自己的存在，拒绝将罪恶感内化，告诉自己："这不是我的东西！"

抹去自己，让自己完全化身成上司。

察觉到上司说的话让自己心乱，好像在指责自己"只拿钱不干活儿"时，抹去自己，就能理解上司心中的情绪，明白"这其实是上司感觉到的罪恶感"。

只需要察觉到"原来上司心中也充满了罪恶

感"就好。

　　爱人如果用指责的语气问："让你买酸奶,为什么没买?"只需要抹去自己,感知到"对方心里有罪恶感,就是对爱人的不诚实"就可以了。

　　抹去自己,代入对方后,就可以知道自己因对方的言语导致大脑变得空白,感觉罪恶或后悔,其实都是对方背负的沉重包袱。

　　同时慢慢地也能发现,是对方背负的罪恶感促使他说出了那些扰乱人心绪的话语。

　　因此,即使承认自己是个大恶人,诚心诚意地道歉,对方也不会原谅我们。

　　因为即使我们道歉,对方心里的罪恶感或后悔都绝不会消失。这时需要说的是能让对方罪恶感减轻的话。

没必要承接父母的罪恶感

别人转嫁过来的"罪恶感、后悔"

有个孩子被母亲痛斥："为什么你就是不肯认真学习？"

被这么一说，孩子的头脑瞬间一片空白，开始狡辩"可是，我准备看完电视再学习的"，"还不是因为陪那个谁玩得太累了"。

母亲更加生气，又骂道："你要么就是找借口，要么就是把责任推到别人身上，自己该做的事情是一点也不肯干！"孩子的头脑越发空白，想学习也学不进去了。

剖析一下母亲头脑里的想法，我们能发现很多有趣的事情。

这位母亲曾经成绩优秀，但家里以经济困难为由没让她上大学。对此她一直耿耿于怀。

此外，孩子出生之前她曾进入短期大学学习，但由于怀孕，只能退学。对此她既后悔，又有罪恶感——因为自己明明下定了"无论如何都要毕业"的决心，最后却还是放弃了。

"为什么你就是不肯认真学习"的背后是母亲"为什么那时候我没能坚持下来"的后悔之情。

孩子大脑变得一片空白，找出"不过""但是"等诸多借口，原因是母亲将自身的悔意"附体"到了头脑空白的孩子身上。母亲指责孩子找借口逃避学习会让孩子产生负罪感。

简言之，孩子在头脑空白时背负上了母亲的后悔和负罪感。

亦即**母亲正通过孩子来减轻自己的后悔与负罪感。**

孩子越是不肯学习，母亲虽然会产生罪恶感变得越轻的错觉，但同时又多出了"是自己使得孩子不肯学习"的负罪感，结果心里的负罪感反而加重了。

随后，她将这份负罪感再次转嫁到孩子身上，孩子越发头脑一片空白，不知道该怎么做才好。

向对方吐露平时说不出口的罪恶感

这时，孩子应该怎么办呢？

答案是：找出母亲想听的话！

母亲想听的话是那些"能够消除后悔及负罪感的话"。

方法很简单，也是"抹去自我"的下一步。

头脑一片空白的时候是"接收对方的罪恶感及后悔的时候"，因此对方想听的话就是"表达罪恶感及后悔的话"。

我们继续使用这个孩子的案例。孩子在听到

"为什么你就是不肯好好学习？"头脑一片空白时，可以选择将平时一直隐藏在心里，不敢坦率地宣之于口的罪恶感宣泄出来。

因为归根结底，这份罪恶感不是孩子的，而是属于母亲的。

对母亲说："我知道自己必须学习，但总是拿身体不舒服当借口，或是把责任推卸给别人来逃避学习，真是没出息。"听到这些，母亲一定会大受震撼。

因为这正是母亲感受到的罪恶感。

如果孩子再说"我总是后悔'要是早点做就好了'，却总是犯同样的错误，离了父母什么都做不成，真是没用"，母亲的心里又会当地大响一声。

母亲就是因为想要依赖父母，才没有坚持学习——孩子通过表达自己的罪恶感，揭穿了这个事实。

而通过孩子的话，母亲的心灵受到震撼；通过孩子对罪恶感的陈述，母亲心里的罪恶感得到了消解。

对方想听的话，是能够消解罪恶感和后悔的话。

母亲想听的是能将自己一直隐藏起来不肯示人的罪恶感暴露在阳光之下的话。

孩子讲述自己不愿透露给别人的、深埋在心底的罪恶感，却得到了母亲的极大共鸣，不过是因为她自己一直背负着同样的负罪感而已。

这个道理也同样适用于朋友关系。

比如被朋友质问"为什么你从不主动约我，都是等着我找你"时，我们的头脑变成了一片空白。

一般人都会把朋友的话当真，觉得朋友生气完全是因为自己从不主动找他。

但是，试着找一下大脑一片空白时"自己不愿承认的罪恶感"，就能挖出隐藏着的想法——"我总是害怕邀请时可能被拒绝，或是惹得你不开心，我其实是个没真正相信朋友的家伙"。

把这些话告诉朋友，朋友必定会心里一震，因为这正是他心里的负罪感。

如果相信朋友，就不会使用"为什么"这样的字眼。

头脑一片空白时，找一找自己心底的罪恶感，那都是对方转嫁给自己的。将这些反馈给对方，他的罪恶感也能得到消解，心情变得轻松。

找到与对方的罪恶感相匹配的语言

深挖自己的罪恶感

有位女士到了新部门后，同事不仅不教工作上的事，还怒斥她："你为什么偷懒，还装出一副努力工作的样子？"听到这话，她的大脑顿时一片空白。

这时她想到"啊，我现在感受到的罪恶感不是我自己的，而是这位同事的"，就尝试在脑海里搜寻对方希望听到的话。

随后她说："对不起，我对工作一点都不懂，给大家添麻烦了，真的非常抱歉！"

听到这儿，同事哼了一声，像打了场大胜仗

一样离开了，只留下女士在那里生闷气。

作为一名职场人，她的应对方式无可挑剔，非常成熟，但从消解对方的罪恶感角度来讲，她的应对言语只能打 20 分。

因为在大脑变得空白时，她没能深挖 "自己心底深处的罪恶感"。

越是往下深挖自己的罪恶感，自己的回答和对方想听到的话的匹配度就越高。

要是打个分，与罪恶感最适合的匹配度应该在 80 分左右。

达到 100 分的话，可能会把对方弄哭，极大地改变对方与自己的关系，所以 80 分左右就刚刚好。

被同事训斥，头脑变得一片空白时，要赶紧挖掘 "我心底深处的罪恶感"。

如果是无伤大雅的罪恶感，用 20 分左右的话来应对；如果是稍微有点难以启齿的罪恶感，用 50 分的话来应对即可；如果到了连自己都不愿意承认的罪恶感，就需要用 80 分的语言来应对。

这种场合下，80 分的语言能表达出"我的存在本身就拖了大家的后腿，真的非常抱歉。现在还让大家这么不愉快，我真的很难过"的效果。

将这些传达给同事后，同事一定会心中一震。

这种反馈无疑会超出同事的想象，但必定能让其心中的罪恶感产生共鸣，并逐步得到消解。

如此一来，被训斥的女士的愤懑之情也烟消云散，能够不被别人的罪恶感影响，愉快地投入工作，真正地获得自由。

不愿承认也必须面对，心情舒畅

有人被上司批评："为什么你就不能像大家一样多拿订单呢？"

那人原本觉得相比其他同事，自己更被顾客认可，被投诉次数少，为公司的形象提升做出了一定贡献。

没想到，上司只看订单数量，根本不管工作内容。他的大脑顿时一片空白，气得想要辞职。

像这样大脑一片空白的时候，我们可以认定对方正在向自己转嫁罪恶感及后悔，试着发现自己的罪恶感是什么。

可能有人会觉得："不可能！那种完全不懂别人感受的上司不会有罪恶感的。"总之，先试一下再说。

"没法像大家一样多拿订单，是我没用，实在对不起。"这是 20 分的回答。

因为这时自己心里想的是："我的确没能拿到其他人那么多订单，自己也感觉非常抱歉，但我的工作质量是其他人没法比的！"

那人并没有这么回答，而是深挖"**心底深处自己都不愿意承认的罪恶感**"。

最初时他脑海里浮现出了 50 分的答案："我是个以自我为中心的人，凡事都只考虑自己。"

他又进一步深挖，觉得"我总是觉得只有自己在拼命工作，是个不尊重别人努力的自恋狂"。这个答案能打 80 分，就试着这样回答了上司。

听完他的回答，上司的表情仿佛被当头打了一棒。他顿时明白，原来上司真的有罪恶感，觉得自己不尊重别人的努力。想到这里，他整个人都轻松了许多。

他并不想指责上司，感觉就像是看到了幼稚的中学生一样，变得心情舒畅，能够把精力都集中到工作上了。

慢慢地，他拿到的订单数量不断增多，变成了名副其实的精英员工。

即使大脑一片空白，也不责备自己

你完全没有错

人们往往单纯地以为"大脑变得一片空白"是因为自己在责备自己。

但是，**"责备自己"时的"自己"其实是那个引起你大脑空白的人。**

对方在心底深处自责，因此生出罪恶感及后悔，并将它们转嫁给你，这才使得你大脑变得一片空白，并且责备自己。

原本是对方的罪恶感和后悔，结果自己大脑空白时一味自责，将对方转嫁过来的罪恶感和后悔照单全收，被压得完全动弹不得。

　　大脑变得一片空白时，不妨认定对方已经将罪恶感和后悔转嫁过来了。

　　这种时候，即使生气地告诫对方"不要将这么沉重的东西压给我"也没有用。

　　因为将这些东西转嫁过来的人根本没意识到自己正在做什么。

　　有东西让自己不开心，因为实在太过痛苦，他们想找个人帮帮自己，把这东西抛给他，仅此而已。

　　如果对方能意识到让他"痛苦又沉重的东西"的真面目，你也就能从其中解放出来。

潜入"对方心里的黑暗之处"

　　要做到这一点，"抹去自己"是很有效果的方法。

　　大脑变得空白时，不要"责备自己"，而是要"抹去自己"。

"抹去自己"就是认定"现在自以为'感觉到'的东西全部都是对方的罪恶感和后悔"。

"抹去自己"指的是"此时感觉到的东西没有任何一样是属于我的"。

前文中我也曾提到，潜入自己的内心，就能找到对方心底深处隐藏着的罪恶感和后悔。

这样想来，头脑变空白的瞬间也可以说是被丢进了对方心中的黑暗里。

那情景仿佛是自己正在地上走，却忽然被丢进了对方心中黑暗的海洋里。

此时最重要的是心里要清楚："啊！这里不是我刚才走着的地面！"

只要能意识到这是对方心里的黑暗之处，就能回到原来的地面。只不过单单是这样，未免太无聊了。好不容易来到了对方心里的黑暗之处，看看心底里藏着些什么也无妨吧？

平时人们都不愿意寻找自己心底深处隐藏的罪恶感。

但是，**如果是"对方心里的黑暗之处"，探寻一下也不会有抵触，深入挖掘时也不会有苦闷的感觉**。

潜入心底深处寻找自己都不愿意承认的罪恶感及后悔，往往能有意外发现。

心底的悔意、罪恶感，能变成驱散黑暗的宝石

继续往心底挖掘，找到"不愿让任何人知道，自己也不愿意承认"的罪恶感和后悔，将它暴露在对方面前时，它能变得像美丽又耀眼的珍珠一样闪闪发光。

越是长年让人痛苦的罪恶感和后悔，从心底挖出来后，光芒就越强烈。

这光芒照亮了对方心里的黑暗，慢慢地将它们驱散。

因此人能够免于被心中的黑暗吞噬，自由地在地面上奔跑。

当然，也有一些人让人怀疑："这样的人心里不可能有黑暗的地方吧？"

如果对方相貌堂堂、行动利落、决断力也强，有时我们难免会怀疑"头脑变得空白会不会是我自己有问题"，开始责备自己。

但是，越是看上去出色的人，潜藏的罪恶感和后悔等阴暗面可能越多。

越是看上去出色的人，越是会将痛苦层层粉刷，隐藏在他心底的黑暗就越难被发现。

所以头脑变得一片空白时，不必责备自己，想一想"啊！原来这个人也有黑暗面"，试着"抹去自己"，会有有趣的发现。

试着抹去自己，潜入自己的心底深处找到罪恶感和后悔后，这才发现"哇！原来这么了不起的人心里也有罪恶感"，反倒会萌生出和对方的亲近感。

找到心底的罪恶感和后悔时，心里的一个谜团也随即解开——原来这个人的伪装技巧十分出色。

就这样，通过抹去自己，慢慢地就能发现一

个世间真理——其实大家都一样！

　　由于大脑变空白的瞬间不再责备自己，也就不会再背负对方心里的黑暗。

　　通过多次"抹去自己"找出对方背负的罪恶感和后悔，将它们摆到明面上后，曾经以为属于自己的那些黑暗被驱散，于是自己不管在什么人面前都能自由地应对，活出真正的自己。

活用自己的

『共情力』

第 **6** 章

不把对方的东西安到自己身上

善良的你，把一切都当成了"自己的事"

大脑变空白的真面目是"站在对方的立场，接受对方的痛苦"。

大脑变空白的瞬间，自己已经背负上了某个人的痛苦。

如果是自己的痛苦，那么想一些办法减轻痛苦还是做得到的，而"对方的痛苦"是属于对方的，自己无法处理，自然就会陷入恐慌状态。

但是，头脑变空白的人只是单纯地陷入了恐慌，然而周围人很难想象他们正背负着别人的痛苦，陷入了恐慌与痛苦之中。

在别人眼里，头脑变得空白的人非常有自信。

因为他们自己装出了一副"我完全没有问题"的样子。其实，他们内心里觉得"自己一点价值都没有"，自我肯定感已经跌到了谷底。

反过来想，一个人的自我肯定感越低，为了不让别人察觉到这一点，他们就越是要虚张声势，做出"我很厉害"的样子。

而越是装出很厉害的样子，心里的自我肯定感就越低，最终演变成了"自己没有任何价值"的想法。

变成这样后，会对周围人的感受非常敏感。

虚张声势的自己备受周围人期待，因此他们时刻都在害怕"如果辜负了大家的期望，让大家失望了怎么办"，变得对周围人的感受十分敏感。

自我肯定感越低，越容易自动分担别人的痛苦

自己以为陷入恐慌的原因是怕被别人知道"自

己没有价值"。

心里隐约觉得是因为对别人的反应过度敏感及害怕自己的害羞、空虚暴露，才会变得大脑一片空白。

但实际情况是，人一旦觉得"自己没有价值"，那么他就会变得除了分担别人的痛苦再没有其他价值。

像这样自我肯定感越低的人，越是倾向于自动选择扮演分担别人痛苦的角色。

在会议上大脑变得一片空白，自己以为是紧张导致了恐慌，其实是因为感染了会议主持人的痛苦情绪，才陷入了大脑一片空白的状态。

在学生时代，有一堂课上我们被要求围成一圈，大家挨个站起来表演节目。

不用说，我不擅长表演节目，自然是胆战心惊地不知道该怎么办。

当时我想的是"我最怕在众人面前丢丑了"。

不过，在还有很多人才轮到我的时候，一个

漂亮的女孩子站起来表演了节目。我正看着，身旁的朋友突然说："你小子，怎么满脸通红？"听到这话，我不由得吓了一跳。

的确，那个女孩子站起来的一瞬间，我的头脑变成了一片空白，甚至想不顾一切地逃走。

而且，我根本没发现自己头脑一片空白，脸却变得通红这件事。

那女孩表演完后，我脸上的红潮也褪去了。因为这事，甚至还被周围的同学嘲笑："你小子是喜欢那女孩吧？"

周围的人完全不觉得我的自我肯定感低，我其实在心里某处觉得自己是个十分悲惨、有些肮脏的丑陋存在，却又一直不敢正视这种自我肯定感低的情形。

正因为自我肯定感低，又刻意隐藏、视而不见，我才会自动选择成为分担别人痛苦的那个角色。

周围人自顾自的"失望"

人为什么会自我肯定感这么低呢?

我曾经有个哥哥,出生后不久就夭折了。因此对于后来出生的我,父母期望很高,盼着我能与众不同。

然而很长一段时间,父母对我的看法都是"你真是太令人失望了! 要是你哥哥还活着⋯⋯"

第一个孩子夭折,父母对第二个的期望变高,这可以理解。

但是,如果下一个孩子不能满足期望,父母就摆出"我对你很失望"的态度,孩子的自我肯定感会不断降低。

他逐渐开始认为"自己是个除了分担别人的痛苦再没有其他价值的人",遇事头脑就变得一片空白。

而随着大脑变空白的次数增多,自我肯定感

持续下降，孩子最终成了"不管什么人的痛苦都愿意分担"的人。最后形成大脑变成空白，自我肯定感不断下降的恶性循环。

职业运动员的孩子往往会被赋予很高的期望值——父亲是那么了不起的运动员，孩子肯定也差不了——然而孩子往往并不按照他们的预期发展，这时父母及周围的人就会觉得"太失望了"。

面对这种态度，不知不觉间，孩子的自我肯定感降低了。

而由于自我肯定感太低，孩子觉得"必须虚张声势"，就故意装出了不起的样子。

而越是这么做，他们的自我肯定感就越低，因为伪装终究会败露，而周围人"对你太失望了"的反应会越来越多。

有位女士是出了名的相貌出众，因此大家和她见面之前都非常期待，想看看她今天有多漂亮。

周围人自顾自地发挥想象力，擅自将期待加在她身上，结果实际碰面时如果对方做出"太失望了"的反应，反而使得她的自我肯定感不断地下降。

　　外表和内心的差距不断拉开，自我肯定感低到了认为"自己除了分担别人的痛苦再没有任何价值"的地步，本人却没有意识到这一点，最终只能苦恼着"为什么会这样"，头脑变得一片空白。

头脑变空白是名叫"共情力"的才能

不同于情景模拟的真正的共情力

头脑会变一片空白的人其实是在分担别人的痛苦。换言之，他们的共情力很强，善于理解别人的心情。

孩童时期，我看动画片时偶尔会想："要是拥有能够读懂人心的超能力就好了。"其实共情力就是这种超能力。

别人肆无忌惮地输出情绪，搞得自己大脑一片空白。

让人忍不住想吐槽："这和小时候想的完全不

一样啊！"

说到共情力，给人的印象是对别人的情绪了如指掌，能够治愈受伤的人的心灵。

尽管如此，共情力太强的人会将对方的痛苦情绪全盘接收。

甚至会让人觉得："这么惨的话，还不如对别人的情绪一无所知！"

此外，真正头脑变空白的人或许还会被误会"完全不懂别人的感受"。

明明已经背负了那么多别人的痛苦，自己甚至都陷入了恐慌，却还被这样误会，读者可能会觉得不可思议。

事实就是这样！

其实"头脑变得空白"是一种才能，但本人并没有意识到这种才能。

没有意识到这种才能，头脑变空白时就认识不到"这是我的才能，因为我正承载着别人的情感"。

没有意识到这种才能，会将"别人的痛苦"认作是自己的痛苦，导致头脑变得一片空白。

　　这时候他们独自痛苦挣扎，觉得只有自己在受苦，在别人看来则是"这个人只关注自己的痛苦，对别人的感受完全不闻不问"。

　　头脑变空白的人乍看上去给人留下的印象是"啊！这个人看起来很温柔，似乎很能照顾别人的感受"，自然得到的期望值也很高。

　　然而，背负别人的痛苦，自己无法处理时就会陷入苦闷，无法顾及别人。这时周围人的评价就变成了"不懂别人感受，自私任性"，期望也变成了失望。

　　事实上，他们只是共情力强，清晰地感受到了别人的痛苦，自己也随之变得难受。

　　他们只是没能认清自己的才能而已。

　　头脑变空白时，只要明白"啊！这是从别人那里传导过来的痛苦情绪"，不将这份痛苦当成自己的东西，头脑也就不会变空白。

　　头脑变空白时，只要能将注意力转向那份痛

苦，找出"这是谁的情绪"，并向它的真正主人反
馈"原来你这么痛苦"的同情，对方一定会为他们
超强的共情力而震撼。

能提高自我肯定感的正确共情力

挖坑的时候，四周的污泥会向坑内塌陷进来。

自我肯定感低和掉进深坑里的情形很像。

**"坑"越深，周围的痛苦情绪就会越多地塌陷
进坑里。这时要明白：它们不属于你，而是"从周
围塌陷进来的东西"。**

因此，如果能活用"了解别人情绪"的共情力，
自我肯定感就能不断提升，人也会变得自由、轻松
自在。

这样一来，就能自如地将信息反馈给对方。不
久后，自我肯定感的"坑"被填满，仿佛一夜之间
周围令人不快的"污泥"再也不会塌陷进来。

有位男士听到别人的提醒、忠告时，头脑就

会变得一片空白，整个人陷入恐慌，摆出一副抗拒、不合作的态度。

所以这位男士被说成"不懂得察言观色""自私自利的自恋狂"。

因为被周围的人冷眼看待，这位男士的自我肯定感越来越低，稍微遇到点事情就头脑一片空白，甚至已经完全无法正常工作。

后来我告诉他，大脑会变得空白是一种才能，他大吃了一惊。

他原本以为自己是个格局很小的人，无论遇到什么事情都会较真儿，才会每一天都惶恐不安。现在忽然听我说"其实不是这样的"，自然是无法相信。

他也曾试着在大脑变得空白时探究"这是谁的痛苦情绪"，但每次得出的答案都是自己的。

尽管如此，他还是鼓励自己："只能想得到自己，或许说明我的才能太高了。"有一次大脑变得空白时，他再次尝试，终于发现："咦？这痛苦情绪莫非来自那个装模作样的部长？"

随后，他去找部长交流，将这份痛苦情绪反馈给部长：“一直以来让您为我发愁，实在抱歉。”这时，有趣的事情发生了。

他一直觉得部长讨厌自己，没想到部长居然和自己聊起了私人话题：“不。我不是因为你发愁，而是家里……”

听到部长这句话，男士终于找到了痛苦情绪的根源，心情顿时放松了下来。

通过这次聊天，他得知部长心里对孩子抱有负罪感，因此更加印证了自己的想法。部长的痛苦也因他的共情力慢慢得到了消解。

那一瞬间，男士自己也从痛苦中解放了出来，整个人变得十分轻松。

如此反复多次，不知不觉间同事对他的评价变成了“那人很懂别人的心思”，他也开始喜欢上了自己的工作。

抛开"大脑变得空白了"这句话

获得自由后的孤独很可怕

"大脑变得一片空白"时，只需要将语言转换成"这痛苦情绪是谁的"就可以了。

这种情形下，如果在心中不停念叨"大脑变得空白了"，大脑会越发变得空白一片，只会让自己更痛苦。

在头脑中重复这句话，不断接收别人的痛苦情绪，大脑处理不过来后就会变得一片空白……这个反应会不停重复下去。

但是，无论别人怎么告诉他们"头脑变空白

时的痛苦全都不是你的",他们也会坚持认为那就是自己的,无法跳出痛苦的轮回。

这并不代表头脑变空白的人不愿意跳出来。

在他们自己都不知道的心里某处,隐藏着"如果跳出来,自己会变得十分孤独"的想法,因此不愿意抛开"大脑变得空白了"这句话。

许多遇事头脑会变得空白的人都处于"自我肯定感很低"的状态。

他们以为"因为头脑会变得空白,所以自我肯定感才会降低",其实自我肯定感降低并不是结果,而是他们的目的。

这其中的关键之处就在于"分担别人的痛苦"。

自我肯定感很低,其他人的痛苦情绪纷纷涌向自己,这会让他们觉得自己并不是一个人。

在一般人眼中,"大脑变成一片空白""陷入恐慌"的状态看上去很像"在依赖别人""缺乏独立性"。

我父母就经常责骂我:"那是因为你觉得会有人帮你想办法,不肯自己开动脑筋,就是依赖心理在作怪！"

　　说是"在依赖别人"倒也不无道理。

　　因为"自我肯定感很低"和"谁都不愿意搭理我"的孤独感往往是相伴相生的。

　　大脑变得空白时，通过分担别人的痛苦，能够消解这种孤独感。

　　不管是什么样的痛苦情绪，归根结底都是在背负他人的东西，因此会让他们觉得"自己并不是一个人"。

　　实际上，在他们大脑变得一片空白时，那些转嫁痛苦的人甚至会关心地问："你没事吧？"

　　在旁人眼里，会觉得他们就是为了博取同情来缓解孤独，才装出恐慌的样子，其实在此之前他们就已经在通过承接别人的痛苦来消解孤独感了。

逃出"讨厌孤独"的泥沼

　　由于被周围人关心时，自我肯定感会降低，因此他们越发觉得自己悲惨，变得更加孤独。

而由于感到孤独，他们会倾向于更频繁地分担别人的痛苦，随后大脑继续变得空白，就这样循环往复，无休无止。

就算是这样，他们都不愿意抛开"大脑变得空白了"这句话。

因为抛开了这句话，别人就不会再向自己转嫁痛苦情绪，他们的孤独感就会增强。

他们总是在头脑里念叨这句话，是因为他们的自我肯定感太低，总是感觉十分孤独。

头脑变得一片空白时，问一问自己"这痛苦情绪是谁的？"，可以将自己与它们切割开，但他们对此感到十分抵触。原因是，一旦和对方的痛苦分离，他们就会陷入深深的孤独之中。

这和我小时候的遭遇十分相像。小时候，我和神经过敏的家人们待在一起时总是觉得很不舒服，却从来不敢从那里逃出去。

我父母对人对事都高度敏感，他们不快的情绪投射到我身上时，我的大脑都会变得一片空白，往往说出触霉头的话或做出让他们生气的事情。我心里明白这样不好，但就是无法摆脱这种情形。

因为如果摆脱了它们，我会被强烈的孤独感吞噬。

我心里明明想着："考试成绩不好的话会被责骂，到时会因为害怕而头脑变得空白！"结果反而导致头脑一片空白，完全静不下心来学习。

这是因为如果认真学习取得了好成绩，就没法再承接父母不快的情绪，自己会变得孤独。

这是因为我误以为只要一直头脑变空白，人陷入恐慌，承接对方不快的情绪，自己的孤独就能得到消解。

头脑变空白，陷入恐慌状态使我的自我肯定感不断下降，让我感觉到孤独。为了摆脱孤独感，我又更多地承接别人的痛苦情绪，形成了恶性循环。

但是，察觉到"头脑变空白""恐慌"等无法消解孤独感，通过"这是谁的"将情绪向对方反馈

后，我开始慢慢地能够感觉到："啊！原来我想要的是这个！"

不接收对方的痛苦情绪，不断将情绪反馈回去，通过与对方的情感共鸣，原本以为无法消解的孤独感便能够在不知不觉间消散。

没错，恰当地使用共情力这一才能，能够将对方的心情了如指掌，感知到与对方的情感共鸣，把生活中的许多事情简单化。

宁静而自由的世界

在等着你

第 **7** 章

能够不动摇地做喜欢的事情

向别人确认也没有任何意义

遇事头脑不再变得空白后，就能不再受别人言语的左右，所以能够不动摇地坚持自己喜欢的事情。

在此之前，想要做自己喜欢的事情时，不询问一下别人的意见总会觉得无法安心。

为什么做自己喜欢的事情还需要征求别人的意见？

因为自己不想做错的事情。

说得具体一点，就是自己想做喜欢的事情，但是更害怕被别人看到时批评"为什么要做这么离谱的事情"，自己的头脑会变得一片空白。

　　但是，即使向别人确认过也无济于事，最后还是会被指出问题，自己头脑变得一片空白。好不容易想要做点喜欢的事情，却无法坚持下去。

　　通过不断实践"让头脑不再变空白的方法"，慢慢就会明白一个道理：人们说出口的话往往并不都是真心话。

　　因此就不会再对别人说的话较真儿，想要做喜欢的事情时也不会再一一向别人确认。

　　介意别人的评价会极大妨碍一个人的成长。

　　成年人做喜欢的事情完全不需要任何人的许可，也无须跟别人确认。

　　等到遇事头脑不再变空白，找回本来的自己后，就会明白成年人没必要寻求别人的认可，完全地投入自己喜欢的事情中去。

　　以前想要做喜欢的事情，总会产生强烈的内疚感。

　　因为害怕被人批评"又在做没用的事情""这

是在浪费金钱和时间"，所以总是战战兢兢地在做。

但是，等到遇事头脑不再变空白后，做喜欢的事情就不会再考虑"那个人会怎么想"或"如果是这个人会怎么做"之类的问题。

因为自己已经成为思想成熟的成年人，找回了本来的自己。

嫉妒和羡慕也要放下

小孩子经常需要来自父母的"认可"及"称赞"，告诉他们"这个可以做"或"这个做得好"。

等到遇事大脑不再变空白后，整个人从原来的小孩子状态解放出来，就恢复了享受做喜欢的事情的能力。

做的时候如果还要考虑别人怎么看，原本因为出于喜欢才做的心情会不知不觉间开始动摇，变得无法享受应有的愉快感觉。

回想一下自己看到别人享受在做的事情时的

情景，应该能够对这句话感同身受。

看到别人做喜欢的事情，在羡慕的同时会不会想"什么时候他也像寓言故事《蚂蚁和蟋蟀》里那么辛苦就好了"，从心底里生出希望对方遭遇不幸的阴暗想法？

自己心里隐藏着两种割裂的情绪，所以才会疑神疑鬼，担心如果自己做喜欢的事情，别人也会希望自己发生不幸，不敢大胆地去尝试。

但是，遇事大脑不再变空白后，自己内心会发生有趣的变化，看到别人享受快乐时不会再胡思乱想了。

因为不再羡慕对方，所以不会再盼着他像故事里的蟋蟀一样遭遇寒冬。

因为心里没有了期盼别人失败的阴暗想法，所以自己高兴的时候也不会再介意别人的想法。

改变的并不只有这一点点，随着自己能够将精神集中到喜欢的事情上，人们可以感觉到自己心里有了某些值得坚守的东西。

这就是头脑不再变空白后，一个成熟的成年人的感觉啊！

找回本来的自己后的"乐趣"

从小时候起，我就常常在想："长大了是不是就不会再做'有乐趣的事情'了？""想要'做有乐趣的事情'是不是意味着内心还没有成熟？"

等到遇事头脑不再变空白，心里不再动摇时，我不再介意周围人的目光，敢于享受自己喜欢的事情，终于明白："原来这才是成年人享受快乐的方式！"

头脑不再变得空白，试着变回"本来的自己"，才察觉到一直以来由于介意周围人的目光，自己都没有真正地快乐过！

明白这一点，我才能毫不动摇地享受当下拥有的一切。

在此之前，我经常对周围的人说："我根本不知道该喜欢什么！"

　　我曾经以为：除了父母给的，绝对不可以喜欢上别的东西。其实是我根本无法从心底里喜欢上从别人那里得到的东西。

　　尝试变回本来的自己后，由于完全不再介意父母及周围人的目光，我意识到"其实自己喜欢的东西可能有许多"，发现了无限的可能性！

　　以前我一直以为"感受不到乐趣"的才是成年人，其实这只是我心里的保护机制在作祟而已。

　　等到遇事大脑不再变得空白后，头脑里的保护机制自然而然地消失，本来的自己就会回来，坚定地享受自己喜欢的东西。

心灵找回了自由

不再为没有发生的问题而烦恼

因为我知道自己遇事头脑就会变空白，所以之前感觉自己一点自由都没有。

外出旅行这么简单的事情，我都会琢磨"给酒店打电话，如果对方问问题，我的头脑变成一片空白该怎么办"，因此连打电话都会害怕。

一想到"要是在那边有陌生人找我搭话怎么办"，我就开始想象头脑变空白时的情形，心里顿时烦躁起来，理应愉快的旅行规划不知不觉间也变得不那么愉快了。

简言之，因为害怕头脑变成空白，所以会在脑子里提前设想所有可能出现的问题。

而想象得越多，心里就越是不安，因此会感觉心里没有一丁点自由，变得任何事情都无法愉快地享受。

不过尝试避免头脑变空白的方法，变回本来的自己后，有趣的事情发生了——

不管别人怎么看、怎么想都无所谓，我已经不在意这些了。

假设我们走在旅行的路上，海岸边种着许多松树。

就像看见它们就能明白"啊，这边种着防护林"一样，我已经可以将碰到的人看成身边的风景。

如果是之前的我，连负责防风的松树看上去都像是审判我的"裁判"，头脑里想的永远是"别人都怎么看待我，怎么评价我"。

无论做什么事我都会胆战心惊，想着裁判的哨子什么时候会吹响。

那时的我稍微听到一点类似哨声的响动就会陷入恐慌，以致整个人身心俱疲。所有人都在对着自己吹哨的感觉一直无法驱散，我无法享受任何事情，完全感觉不到一丝自由。

等到大脑不再遇事变得空白后，我能够感觉到"裁判"消失了，终于可以不再介意别人的目光了。

就这样，我的心里充满了自由。

再做旅行规划时，"在外面出了大事怎么办"之类的念头也完全不会出现了。

因此，**我变得能够按照自己的爱好，为了取悦自己而自由地制订计划了。**

住在东京的我如果想去京都旅行，之前肯定会坐新干线前往，现在则能自由地生出许多原本想都不敢想的创意，如"可以先从羽田机场坐飞机去北海道，再去冲绳，最后去京都"等。

实际执不执行姑且不论，单是不受任何限制的想象就已经足够让人开心了。

一想到明天就是星期一，我会从星期日的傍

晚开始就变得心情沉重，满脑子都是"今晚必须早点睡"的念头。

但心灵重新获得自由后，我可以自由地思考，想出"星期一的早晨可以先去公园看看花儿，在公园附近的咖啡厅吃个早餐套餐后再去公司"的主意。

以前遇事大脑就会变空白时，我在脑子里给自己设定了一个形象，现在它也慢慢地淡去了。

人们往往觉得人在成年后会变得沉稳，形成固定的角色形象。但我头脑中那个"头脑会变空白的小孩子"消失，找回本来的自己后，终于意识到"自己的角色，就是自由"！不再纠结于成年人应当扮演的角色，穿衣、举止也不再被条条框框束缚，整个人感觉都越来越自由了。

做自己，别人也不会逃走

我曾经很害怕：自由自在地生活会不会给别人

添麻烦? 会不会被周围的人冷眼相待? 人们会不会都离我远远的? 而看到公司里我行我素的人被大家疏远, 我更是觉得"一定不能变成这种以自我为中心的人"。

然而大脑遇事不再变得一片空白, 心灵找回自由后, 我才发现:"啊! 原来我行我素并不代表着一个人十分自由!"

有意思的是, 如果一个人心灵十分自由, 那么他也不会和别人发生冲突。

因为他能够想到所有可能的选项, 所以不需要一意孤行, 也没有必要和其他人发生冲突。

自己轻松地做出了好的选择, 周围的人自然而然地也能做出自由的选择。这样一来, 双方都能获得幸福。

而大脑遇事就会变得空白的时期, 我偏执地认为如果某人做事自由自在, 必然有人会因此而变得不自由。

我觉得自由地思考会给别人添麻烦, 因此无法自由地做出选择。

其实这只是因为我太在意别人的目光，头脑变成了一片空白。

等到头脑不再变得空白，心灵重获自由之后，有趣的事情发生了——由于我自由地做出了选择，大家也都获得了自由和幸福感。

保持心灵的自由投入工作当中后，周围的人也会受到感染，能够自由地感受工作的快乐。

完全不需要逃避自由的、遵从自己内心的选择。

人生旅途中如果能不顾忌其他人，自由地享受旅行的乐趣，看到这一幕的人也会受到这份自由的影响，慢慢变得敢于忠于自己自由地生活。

心灵自由的人拥有让周围人变幸福的力量。

有的人连这件事都不在意，越是这样，就越能自由地做好更多的事情。

恢复在危机面前也毫不动摇的力量

摆脱危机的创意不断涌现

看到电影里的主人公遭遇危机时，我的头脑里"啊！早点逃走不就好了""应该去战斗哇"之类的主意特别多，忍不住还会抱怨："为什么不那么做啊？"

观看体育比赛时也会奚落选手："为什么不好好把握那次机会啊？"

可是真正到了自己遭遇危机或碰到机会时，反而头脑一片空白，什么都做不了。

于是我觉得自己是个只会嘴上功夫，真正有

事时百无一用的人。

然而，等大脑遇事不再变空白后，这才发现，原来我也有遇到危机毫不动摇的定力。

这时我才明白：只要头脑不变空白，心里拥有自由，各种各样的想法就能不断地涌现出来。

因为我可以从自由喷涌出的想法中自由地选择适合应对当前危机的一个，因此没有动摇的必要。

突发的问题也能全部变成机会

有位女士原本以为丈夫今晚会在外面吃饭，没想到丈夫没通知自己就回到家里来了。

如果是在往常，她会头脑一片空白，生气丈夫为什么回家之前不说一声。

因为没有考虑过"今晚要准备晚饭"，所以接下来做饭时免不了一通手忙脚乱。

然而大脑遇事不再变空白后，她找回了"本来的自己"。这时的她在听到丈夫的声音时，瞬间就能冷静地一边招呼"你回来啦",一边取出冰箱里吃剩下的炸肉丸子,打个鸡蛋后放进微波炉。等丈夫坐到餐桌前,恰巧微波炉也叮的一声响,她便从容地端出了一道菜来。

丈夫津津有味地吃着菜,女士的脑子里"剩菜再利用食谱"一个接一个地浮现出来。

这位女士变强大了,虽然丈夫的突然回家让她大吃一惊,但她成功地将危机转化成了处理剩余食材的机会。

以前的她会想象自己被批评"这也干不好,那也干不好"的场景,头脑变成一片空白;现在的她能自由地开动脑筋想出食谱,随意且快捷地制作饭菜出来。

这种愉快的感觉就像是以前专心工作时的愉悦感,没想到现在居然还能体会到,这让女士既怀念,又开心。

有位男士和女儿补习班的老师交流,被老师批评:"您女儿的学习意愿很低。"这时他想起了久违的从前:"啊!如果是在以前,这种时候我的大脑已经变得一片空白了。"

男士已经做了一段时间的"抹去自己"训练，因此他很清楚老师之所以这么说，是怕自己将女儿成绩没有提升的责任推到补习班身上。

随后，能够让老师高兴的话十分顺畅地、一句又一句地涌上心头。他毫不犹豫地笑着说："我女儿非常信任老师您，在家里也经常称赞您呢。"

听到这话，补习班老师的态度立刻发生了180°的大转弯，做出了与刚才完全不同的积极回应："只要她愿意学，成绩肯定能提升！"

男士又笑着拜托老师："请您务必帮我女儿考上某某有名的中学！"老师也非常愉快地答应了。

大脑遇事不再变得空白时，就能重获泰山崩于前而色不变的能力，将事情向好的方向引导。

而这又使得大脑变空白的情形进一步减少，自己及周围人的工作、生活都不断变得更加自由，更加丰富多彩。

"抹去自己" 就是发挥自己 120% 的能力

紧张的时候更要 "抹去自己"

前文中我曾提到,看到电影或电视剧里的主人公时,替他们着急"要是那么干就好了",其实就是"抹去自己"。

如果能"抹去自己",就能发挥出自己 120% 的能力,因此才能想出许多主意,自由地享受人生。

其实就和站在电影或电视剧的主人公的立场上一样,试着站在对方的立场,忽略自己的存在。

这样一来,大脑遇事不再变得空白,越来越多有趣的事情会在自己的周围发生。

说到"抹去自己"，我脑海里浮现的是小时候参加钢琴演奏会及学生时代参加演讲会的经历。

小时候我曾参加过一次观众很多的钢琴演奏会，当时我十分紧张，大脑变得一片空白。

钢琴老师曾对我说："即使练习时做到了100%，真正演出时如果因为紧张而头脑空白，那也只能发挥出练习时60%的水平。"这时我需要的是想起这句话。

当时如果我能"抹去自己"，完成"钢琴老师希望听到的演奏"，可能就不会大脑变得一片空白，可以达到120%的演出效果。

通过想象钢琴老师在这种时候希望我怎样弹奏，抹去自我的存在。

这样一来，头脑就不会变得空白，手指就能自由地活动。

弹奏出符合钢琴老师期待的乐曲后，就能解开束缚自己的某些东西，更轻松自如地进行演奏。

这样想来，学生时代的演讲会上，如果能"抹

第 7 章 | 宁静而自由的世界在等着你　　173

去自己"，肯定也能发挥出自己 120% 的能力。

我总是事先想象最坏的情形，害怕自己无法好好地完成演讲，结果到真正上台时头脑就变得一片空白，噩梦变成了现实。久而久之，形成了恶性循环。

其实通过"抹去自己"，思考一下"老师希望听到什么样的演讲"，立刻就能将牢牢束缚自己的东西解开，整个人感觉豁然开朗，说话也会变得轻松自如。

这时候就不再受"必须把准备的原稿读好"之类的规矩束缚，一个个相继出现在脑海里的创意能够自然地转化成语言，迷倒在场的所有观众。

为什么呢？因为我已经发挥出了自己 120% 的能力。

一切都会对自己有所帮助

读者们是否觉得"抹去自己，做对方希望的事"并没有发挥出自己的能力？

　　曾经我就觉得这么做是在耍滑头，讨好别人，所以对"抹去自己"十分地抵触。

　　但是仔细想想，想象"对方想要什么"的不也是"自己"吗？

　　想着必须"抹去自己"，但思考对方想要的东西的还是自己。

　　虽说是"讨好"别人，但目的其实是从头脑变空白的问题中解放出来，发挥出自己120%的能力。

　　讨好别人、依赖别人并不是目的，最终站在聚光灯下受到万众瞩目的还是自己。

　　"抹去自己"，将自己120%的力气投入"对方希望的事情"上，能够获得自身的"自由"。

　　头脑变空白，陷入恐慌对人是一种极大的束缚。

　　只有真正体验过的人才知道受了这种束缚后有多么的不自由。

　　一直以来，我都以为做不到"抹去自己"是因为放不下那一点点自尊心，在获得心灵自由后我才明白，那其实是因为来自家人的束缚。

以前我经常被人劝"要丢掉自尊"，其实真正需要丢掉的是来自家人的、阻止我自由的绑绳。

被人限定的"自己"也必将松绑

心灵获得了自由，不管遇到什么样的危机都能将它们变成机会。

这是自己真正追求的自己的样子。

一心想要变成的是那个 120% 的自己。

没错，以为自己是在羡慕别人，其实真正期望的是像他们那样"做 120% 的自己"。

比起变成别的某个人，人们更想要能够发挥自己 120% 能力的环境。

因为觉得如果和对方拥有相同的环境和境遇，自己也能提升到 120%，所以才会羡慕别人。

这种环境通过"抹去自己"就能轻松地创造出来，在这种环境里，人们可以发挥自己 120% 的能力。

　　通过"抹去自己"做对方希望的事情，其实是在做准备工作，目的是创造出能发挥自己 120% 能力的环境。

　　这就像刨开坚硬结块的田地的锄头一样。

　　每抡起一次"抹去自己"的锄头，自己心里坚硬的土地就能松软一点。

　　做许多人希望的事就像是在给土地里撒肥料。

　　每次"抹去自己"，坚硬的土地就被耕耘出一点，新的、柔软的自己就成形一点。

　　历经无数次的"抹去自己"，最初坚硬的土地慢慢变得柔软，而充足的肥料能帮助培养出自己想要的作物，获得大丰收。

　　精耕细作的沃土才能培养出 120% 的自己。

　　即便别人把这片土地踩实了，"抹去自己"也能一次又一次地将它们刨开，创造出 120% 的自己。

版权登记号：01-2022-5898

图书在版编目（CIP）数据

KO！再见，语言暴力！/（日）大岛信赖著；岳冲译.
-- 北京：现代出版社，2022.11
ISBN 978-7-5143-9972-1

Ⅰ.①K… Ⅱ.①大…②岳… Ⅲ.①语言艺术-通俗
读物 Ⅳ.①H019-49

中国版本图书馆 CIP 数据核字（2022）第 188919 号

CHIKUCHIKU·IYAMI·RIFUJIN TO KANJIRU "HON NO HITOKOTO" NI
KIZUTSUKANAKUNARU HON
Copyright © NOBUYORI OSIMA 2021
First published in Japan in 2021 by DAIWA SHOBO Co., Ltd.
Language translation rights arranged with DAIWA SHOBO Co., Ltd.
through Shanghai To-Asia Culture Communication Co., Ltd
Language edition copyright © 2021 by Modern Press, Co., Ltd.

KO！再见，语言暴力！

著　　者　[日]大岛信赖
译　　者　岳　冲
责任编辑　朱文婷
出版发行　现代出版社
通信地址　北京市安定门外安华里504号
邮政编码　100011
电　　话　010-64267325　64245264（传真）
网　　址　www.1980xd.com
印　　刷　三河市国英印务有限公司
开　　本　787mm×1092mm　1/32
印　　张　6
字　　数　73千字
版　　次　2023年1月第1版　2023年1月第1次印刷
书　　号　ISBN 978-7-5143-9972-1
定　　价　49.80元

只读

时间有限，我们只读好书。

—"再见，负能量！"系列—

《KO！再见，拖延症！》

《KO！再见，不成功的恋爱！》

《KO！再见，羞怯！》

《KO！再见，语言暴力！》

《KO！再见，焦虑症！》

《KO！再见，社交恐惧！》

《KO！再见，边缘型人格！》

《KO！再见，职场 PUA！》

……